精准扶贫 方法与路径

JINGZHUN FUPIN FANGFA YU LUJING

高健龙　高建伟　编著

中国农业出版社
北　京

图书在版编目（CIP）数据

精准扶贫方法与路径 / 高健龙，高建伟编著. —北
京：中国农业出版社，2019.6
ISBN 978-7-109-25434-3

Ⅰ.①精…　Ⅱ.①高…②高…　Ⅲ.①农村-扶贫-
研究-中国　Ⅳ.①F323.8

中国版本图书馆CIP数据核字（2019）第073782号

中国农业出版社出版
（北京市朝阳区麦子店街18号楼）
（邮政编码 100125）
责任编辑　边　疆　赵　刚

中农印务有限公司印刷　　新华书店北京发行所发行
2019年6月第1版　　2019年6月北京第1次印刷

开本：880mm×1230mm　1/32　印张：5.5
字数：150千字
定价：28.00元
（凡本版图书出现印刷、装订错误，请向出版社发行部调换）

FOREWORD 前言

　　消除贫困、改善民生、实现共同富裕，是社会主义的本质要求，是体现中国特色社会主义制度优越性的重要标志。党的十八大以来，以习近平同志为核心的党中央，超强部署，快速推进，在全国全面打响了脱贫攻坚战，取得了显著的阶段性成果；党的十九大报告提出，坚决打赢脱贫攻坚战，确保到 2020 年我国现行标准下农村贫困人口实现脱贫，贫困县全部摘帽，解决区域性整体贫困，做到脱真贫、真脱贫。当前，随着全面建成小康社会奋斗目标的不断临近，脱贫攻坚已进入最后冲刺阶段，也是"最艰难阶段"，剩下的都是"硬骨头"。攻坚克难，既需要中央加强统筹，精准施策，也需要充分发挥和调动广大贫困地区干部群众以及社会各界的积极性和主动性。

　　扶贫开发贵在精准，重在精准，成败之举在于精准。为了进一步贯彻落实党的十九大精神以及习近平总书记关于精准扶贫、精准脱贫工作的重要论述，为广大贫困地区的干部群众共同推进脱贫攻坚提供理论指导和实践借鉴，我们编写了《精准扶贫政策解读》《精准扶贫方法与路径》《精准扶贫案例解析》3 本书，旨在通过此系列书目，及时把党和政府的扶贫开发政策、支持农业农村发展和农民增收的政策，通俗易懂地传递给广大贫困地区干部群众；把脱贫攻坚理论政策与实践探索过程中总结凝练的好思路、好方法、好经验、好模式，简洁明了地介绍给广大贫困地区干部群众；把脱贫攻坚实际工作中涌现出来的脱贫攻坚好事迹、好典型、好榜样以及一部分反面典型，生动形象地展示给广大贫困地区干部群众。进一步激发广大干部群众以及全社会参与脱贫攻坚的积极性，凝聚各方智慧和力量全力以赴，坚决打赢脱贫攻坚战，真正实现脱真贫、真脱贫，让全体贫困地区的人民群众同全国人民一道进入全面小康社会，实现我们党对全国人民、对全世界的庄严承诺。

著　者

2018 年 10 月

CONTENTS **目录**

前言

一　精准扶贫工作的方法论

（一）锁定"每一个"

在传统扶贫中，平均数往往成为"成果"和"战绩"。这种"平均数"式的扶贫，表面上看可谓成绩斐然。然而，平均数的"削峰填谷"往往让人忽视那些"被平均"了的低收入者、困难群众。因此，扶贫工作的"平均数"只能是一个参考值，"每一个"才是重中之重。

扶贫工作不能仅看面上的成绩，不能以"宏观"代替"微观"，以"平均数"代表"大多数"，不能仅以数字衡量，更要看到点上的困难。我国地域辽阔，自然条件千差万别，各地贫困状况、贫困数量各不相同，这就要求在脱贫指标上不能搞"平均数"，在扶贫施策上不能平均用力，而要做到以下两个方面。

其一，精准帮扶"每一个"，着力解决"怎么扶"的问题。 识别出贫困对象只是第一步。传统扶贫工作中，不少扶贫项目粗放，针对性不强，更多的是在"扶农"而不是"扶贫"。所谓精准帮扶，就是扶贫对象识别出来以后，通过建档立卡建立实用的数据资料库，着力分析其致贫原因，然后针对具体致贫原因逐户制订帮扶措施，即每户一本台账、一个脱贫计划、一套帮扶措施。同时确定帮扶责任人、制订帮扶规划、落实帮扶措施，集中力量予以扶持，各项扶贫措施要与建档立卡结果相衔接，有效解决扶不到点上、扶不到根上、扶不到真贫上的问题，确保在规定时间内达到稳定脱贫目标。具体要做好锁定致贫原因、分类实施对策、建立帮扶制度三项工作。

其二，精准管理"每一个"，确保帮扶措施落到实处。精准管理，就是要建立贫困村、贫困户帮扶信息档案，加强精准扶贫监测，跟踪贫困户，落实贫困户帮扶情况，确保贫困村、贫困户得到有效扶持，在规定时间内达到稳定脱贫目标。实施精准管理需要做好几个方面的工作：建立扶贫信息管理制度、强化扶贫资金管理制度、建立扶贫绩效管理制度。

（二）授人以渔

传统扶贫工作直接对贫困户给予物质、资金上的帮扶，这种帮扶手段见效快、效果好，很多贫困户都喜欢这种看得见"实惠"的帮扶手段。然而，这种"输血"扶贫却存在很大的局限性。输血扶贫模式侧重于钱财物的发放，只能解一时之"贫"，却不能根除贫困之源；输血扶贫救助的贫困人口一直处在普遍的被动接受状态，生活热情和生产积极性未得到充分激发和调动，反而容易使贫困者养成"等、靠、要"的消极依赖心理；输血扶贫不能充分利用各种资源，造成资源的浪费。

长效扶贫是使扶贫主体通过一定的扶贫资源扶持贫困地区和农户改善生产和生活条件、发展生产、提高教育和文化科学水平；帮助贫困户找到致富手段，使其走上自我发展之路，以促使贫困地区和农户依靠生产自救，逐步走上致富之路的扶贫行为方式。基本思路是"采取项目开发、科技培训、专业合作等措施来提升农村整体生产力，改进生产方式，以增强贫困者自身的造血机能"。这种扶贫最大的优点就是能够为贫困地区和贫困人口脱贫致富打下基础、创造条件、提供支持，激发贫困地区和贫困人口自身的生产积极性和创造力。显然，该模式运作较复杂、风险较大、见效比较缓慢，需要帮扶者俯下身子、沉下心，找准适合贫困户的项目，通过技术、产业等形式脱贫。因此更加考验各级扶贫工作者的智慧，更加需要各级扶贫工作者走近群众，了解群众的意愿和需要，明确方向和目标，汇聚民智，全力以赴。

古语说得好："授人以鱼，三餐之需；授人以渔，终生之用"。这就告诉我们，在扶贫工作中，要避免一味"输血"，这种扶贫治标不治本，给贫困户造成"不劳可获"的假象。在"输血"的同时，要通过扶志气、扶智力、扶技能、扶产业等方式强身健体，重塑"造血"功能，通过外在"输血"和内在"造血"相结合，剔除"贫困细胞"，拔掉"穷根儿"，根治"贫病"。这样，农村贫困人口才能如期实现脱贫致富奔小康。

（三）力防返贫

返贫现象是扶贫工作中一个需要引起高度重视的问题，尽管表现在少数贫困户身上，却影响到贫困乡村整体脱贫目标的实现。如果这个问题解决不好，在扶贫上花再多的精力，最后也只能是打了水漂，如果任其发展，势必会影响全面小康的进程。

返贫的原因有很多，有的是没有扶到点上、根上；有的是贫困户自身的思想观念没有转变；有的是由缺少致富门路和发展资金、失业和自然灾害或突发事件、家庭成员重病或残疾、子女上学和婚丧嫁娶负担、生育负担等因素引起的。为防范返贫，提高脱贫成果巩固率，我们要综合施策、多措并举，实行政策性保障兜底。

其一，加强思想教育，从思想上筑起防返贫的坚强防线。

首先，要教育群众深刻认识返贫的危害性。返贫现象的发生，不仅增加扶贫攻坚的难度，而且出现多次返贫后，人们容易产生自卑自贱、消极畏难的情绪，对脱贫的信心越来越小，丧失脱贫的斗志。其次，要教育群众克服"等、靠、要"的思想。帮助他们解放思想，转变观念，摒弃小农意识，树立与市场经济发展要求相适应的竞争观念、科技观念、风险观念等，使他们的思想由"要我脱贫"变为"我要脱贫"。最后，要教育群众转变消费方式，做到能挣钱、会花钱，把钱主要用在发展经济上，进一步增强防返贫的后劲。

其二，促进贫困地区基本公共服务均等化，构筑稳定脱贫的根基。首先，要持之以恒地下大力改善基础设施建设，尤其是与人民生产生活息息相关的道路设施、农田水利、危房改造、安全饮水、电力、广播电视、通信网络等方面的建设，切实改善贫困地区生产生活条件。对于改善价值太小的地区，要严格按照"群众自愿、因地制宜"原则，实行异地搬迁。其次，要优先发展贫困地区的教育事业，统筹发展农村义务教育、职业教育和学前教育，科学规划学校布局，加快乡村幼儿园和教师队伍建设，让广大农村适龄儿童就近就地入园入学，不能让贫困地区孩子输在起跑线上。对于进入高校学习的贫困学生，政府和高校必须真正落实各项资助政策，尽可能解决家庭教育费用支出造成的返贫问题。最后，在医疗卫生方面要强化贫困地区医疗卫生服务，加强乡镇卫生院和村卫生室标准化建设，建立县、乡、村三级卫生服务网络，健全农村疫病防控体系，加强贫困地区乡村医生队伍建设，全面落实基本医疗政策，减少因病致贫发生。最后，要满足群众日益增长的文化需求，加大贫困乡村文化设施建设力度，广泛开展各种文化活动，丰富贫困乡村群众文化体育生活。

其三，提高贫困地区社会保障水平，构建预防性返贫战略体系。首先，要把因缺少劳动力和收入来源造成的生活困难家庭，因病灾及残疾致贫的家庭及无劳动能力、无生活来源和无法定抚养人的老年人、未成年人和残疾人等纳入到社会保障对象的范围内，通过对这部分人实施社会保障，使之逐步脱离贫困。其次，要以救济式扶贫为主，发挥社会救助制度在反贫困中的兜底性作用。最低生活保障制度要重点覆盖丧失劳动能力、无法通过产业扶持和就业帮助实现脱贫的贫困人口。对在一定的自然和市场风险下极易返贫的贫困户，政府也要加大对他们的社会保障扶持力度，实现应保尽保，防止他们再度陷入贫困。最后，要根据本地实际，建立健全与扶贫政策相衔接的城乡居民基本养老保险、医疗保险等社会保障制度，逐步提高社会保障的标准，实现最低生活保障制度与扶贫开发政策的协调一致。

其四，注重人力资源开发，从根本上解决返贫问题。首先，要提高贫困地区群众的技能水平，即扩大实用技术培训，使贫困地区的有劳动能力的人员都能有 1~2 项实用技能资格认证，从而提高他们的实用技术水平和经营管理能力。其次，要培育科技致富典型。通过专业大户、致富状元和多种经营能手典型带动，使广大农民群众在学中干、干中学，不断掌握稳定脱贫、防范返贫的实际本领。最后，要在开发贫困地区人力资源的过程中，严格控制贫困人口的过快增长，特别是抑制那些身体素质缺陷和障碍严重的人口再生产，以缓解低素质劳动力快速度、高剩余的供给。

（四）追求聚合效应

扶贫不能各唱各的调，各吹各的号，要万众一心，追求聚合效应，共同来完成脱贫攻坚工作。

第一，大力倡导企业扶贫。一方面，强化国有企业帮扶责任。深入推进中央企业定点帮扶贫困革命老区"百县万村"活动。用好贫困地区产业发展基金。引导中央企业设立贫困地区产业投资基金，采取市场化运作，吸引企业到贫困地区从事资源开发、产业园区建设、新型城镇化发展等。地方政府要动员本地国有企业积极承担包村帮扶等扶贫开发任务。另一方面，引导民营企业参与扶贫开发。要让民营企业愿意投身到扶贫事业之中，就不能单讲社会责任，而是要坚持义利并重。关键是要激发企业到贫困地区投资的积极性，使企业愿意来、留得住、发展好。要把握好供需关系，让市场说话，不能搞长官意志、乱点鸳鸯谱。要鼓励民营企业积极承担社会责任，充分激发市场活力，发挥资金、技术、市场、管理等优势，通过资源开发、产业培育、市场开拓、村企共建等多种形式到贫困地区投资兴业、技能培训、吸纳就业、捐资助贫，参与扶贫开发，鼓励引导民营企业与贫困村开展结对共建发挥辐射和带动作用。对推动贫困地区形成市场活力，培育壮大贫困村集体经济和帮助贫困人口增收致富，意义重大。同时，要鼓励支持民营企业在扶贫过程中挖掘商机，开拓市场，要注重按照市场规律办事，努力实现多赢格局。

第二，积极引导社会组织扶贫。社会组织有人员，有技术，能够有效弥补贫困群众智力方面的不足，而贫困地区也为这些社会组织提供了新的发展领域。只要能有效配合，必然是双赢的格局。同时，社会组织加入扶贫队伍也有利于减少政府的行政指导风险，使扶贫效率更高。社会组织扶贫通常以特定的项目为载体，以特定的群体为目标，指向清晰、互动性强。政府应大力支持社会团体、基金会、民办非企业单位等各类社会组织从事扶贫开发，鼓励其创建各类形式的扶贫公益项目，打造优秀扶贫公益品牌。各级政府和有关部门应对社会组织开展扶贫活动提供信息服务及业务指导，鼓励其参与社会扶贫资源动员、配置和使用等环节，建立充满活力的社会组织参与扶贫机制。

第三，注重发挥军队帮扶作用。人民军队爱人民，人民军队人民爱。军队的社会组织参与扶贫机制。军队和人民之间的鱼水情，不仅体现在群众拥军援军上，而且体现在军队帮助困难群众上。军队帮扶，重点是把地方所需、群众所盼与部队所能结合起来，优先扶持家境困难的军烈属、退役军人等群体。发挥思想政治工作优势，深入贫困地区开展脱贫攻坚宣传教育，组织军民共建活动，传播文明新风，丰富贫困群众精神文化生活。发挥战斗力突击力优势，积极支持和参与农业农村基础设施建设、生态环境治理、易地扶贫搬迁等工作。发挥人才培育优势，配合实施教育扶贫工程，采取军地联训、代培代训等方式，帮助贫困地区培养实用人才，培育一批退役军人和民兵预备役人员致富带头人。发挥科技、医疗等资源优势，促进军民两用科技成果转化运用，组织对口帮扶贫困县县级医院，开展送药和巡诊治病活动。帮助革命老区加强红色资源开发，培育壮大红色旅游产业。

第四，广泛动员个人志愿者扶贫。各级党委和政府要大力弘扬社会主义核心价值观，积极倡导"我为人人，人人为我"的全民公益理念，大兴友善互助、守望相助的社会风尚，开展丰富多样的体验走访等社会实践活动，畅通社会各阶层交流交融、互帮互助的渠道。创新完善人人皆愿为、人人皆可为、人人皆能为的社会扶贫参与机制，引导广大社会成员通过爱心捐赠、志愿服务、结对帮扶等多种形式参与扶贫。

第五，注重开展扶贫国际交流合作。坚持"引进来"和"走出去"相结合，加强国际交流合作。引进资金，信息、技术、智力、理念、经验等方面的国际资源，服务我国扶贫事业。通过对外援助、项目合作、技术扩散、智库交流等形式，加强与发展中国家和国际机构在减贫领域的交流合作，加强减贫知识分享，加大南南合作力度，响应联合国 2030 年可持续发展议程，增强国际社会对我国精准扶贫精准脱贫基本方略的认同，提升国际影响力和话语权。

（五）扶贫辩证法

习近平总书记在二十多年前出版的《摆脱贫困》一书中就明确提出，在进行扶贫开发实践时，必须正确处理好六个重要关系。可以说，习总书记的这一"扶贫辩证法"是指导我们推进扶贫开发工作的行动指南。

第一，处理好长期目标和近期规划的关系。对于精准扶贫精准脱贫工作来讲，既要避免把近期难以实施的远期目标超前化，又要防止把近期规划简单化，着眼点只能放在切实可行的基础上，远期目标只能脚踏实地地逐步实现。

第二，处理好经济发展速度与经济效益的关系。在精准扶贫精准脱贫工作中，应该在追求更高效益的基础上来促进发展速度与经济效益的统一，彻底克服以往那种单纯地重速度轻效益的观念。

第三，处理好资源开发与产业结构调整的关系。在精准扶贫精准脱贫工作中，要根据本地区的资源和生产力状况制定出相应的主导产业以及产业群体，并通过主导产业的上下游联系带动其他相关产业的发展。对于原料充足、市场销路看好的产业，要采取有力措施，促其上规模、上批量，追求规模经济效益。

第四，处理好改革开放与扶贫的关系。改革开放和扶贫相互依存，互相促进，扶贫的成果将是改革开放的新起点，改革开放将使扶贫工作迈上新台阶。因此，在精准扶贫、精准脱贫工作中，要坚持改革开放，不断深化金融扶贫、电商扶贫、旅游扶贫和资产扶贫工作，着力解决脱贫攻坚工作中出现的难点问题。

第五，处理好科技教育与经济发展的关系。要努力把科技教育的热能转化为经济发展的动能，既要强调科技教育的普及，又要讲究科技教育的实效。在精准扶贫精准脱贫工作中，要充分发挥教育扶贫的人才、智力、科技、信息优势，提高贫困家庭脱贫能力，遏制贫困代际传递，为精准扶贫、全面小康注入强大正能量。

第六，正确认识脱贫致富和建设精神文明的关系。在精准扶贫精准脱贫工作中，要大力加强贫困地区和困难群众的精神文明建设，帮助贫困户改变传统保守、不求进取、等靠要的思想和一些不良的生活习惯，把贫困户"想甩掉贫困帽子、不当穷人"的愿望激发出来，把"发家致富"的脱贫行动带动起来，通过精神的力量让贫困户振奋思想"醒过来"，主动参与脱贫"动起来"，最后脱贫致富"站起来"。

二　精准扶贫工作原则

（一）切实遵循五大发展理念

党的十八届五中全会提出的"创新、协调、绿色、开放、共享"五大发展理念，是落实精准扶贫精准脱贫的指导理念。

创新发展是精准扶贫、精准脱贫的首要动力。相较于以往的扶贫工作，精准扶贫精准脱贫是新提法新任务。深入理解扶贫新提法，认真完成扶贫新任务需要创新扶贫理论和扶贫方法，突破以往局限，提升扶贫质量。依靠创新理念指导扶贫方式创新，从方法论上改革创新，通过方法论的创新，解决扶贫新问题，取得扶贫新成果。

协调发展是精准扶贫、精准脱贫的重要条件。通过精准扶贫，实现贫困地区的发展，可以为发达地区提供更广阔的商品市场和更优质的原材料，可以有效缩小地区贫富差距，可以切实分担发达地区承受的人口资源环境压力，加快城乡发展一体化步伐，努力推动国民经济整体协调发展。

绿色发展是精准扶贫、精准脱贫的基础条件。生态环境脆弱的贫困地区，不能为了片面追求经济增长而不顾生态环境的可承受能力。经济新常态下，推进精准扶贫，实现跨越式发展，要有意识有能力把"绿水青山"转化为"金山银山"，从而在保护自然生态环境中，促进经济发展。

开放发展是精准扶贫、精准脱贫的外在动力。扩大对外开放，目的在于充分利用"两个市场""两种资源"，并且借鉴西方发达国家在救助贫困人口方面的积极经验。有利于增强精准扶贫、精准脱贫的活力。

共享发展是精准扶贫精准脱贫的最终追求。社会主义初级阶段，调节收入分配的差距，着眼点，不能仅限于既有存量，要能不断把可以分配的"蛋糕"做大，要在增量分配方面下工夫。而精准扶贫精准脱贫，就是要依靠中国特色社会主义制度的优越性，合理配置资源，让部分在市场经济中无法依靠自身力量，实现脱贫致富的群众，在外部力量的帮助下，实现致富梦。

（二）守住"发展"与"生态"两条线

发展与生态的关系是相辅相成、相互促进、循环上升的共生关系。尤其是在针对贫困地区的精准扶贫计划中，既要保护贫困地区自身的自然环境不受到破坏，又要保证经济发展的目标逐步实现，既要将发展与生态两项工作统筹并重，共同深入实施，又要从发展与生态两个方面的不同方向具体实施，切实提高精准扶贫的效果。

其一，精准扶贫，坚决守住生态文明这条底线。首先，在生态环境方面，我国大部分的贫困地区都是由于当地地理环境等自然因素，所处位置过于偏远，交通不便利，导致与外界的联系较少，各种资源不能及时共享；或由于本地区的自然条件所限，多种类型的自然灾害多发不适宜采取普通的畜牧业、农业的生产方式，从而造成了当地大面积的自然资源得不到合理利用，土地荒废使得经济发展缓慢。但从另一个角度看，守住绿水青山就是守住金山银山，属于这种类型的贫困地区所要抓住的，就是如何在保护生态环境的前提下进行绿色环保的经济发展。其次，我国现今的发展存在不平衡，贫困地区的成因和贫困现状也是多种多样，除占有生态优势的贫困地区外，还存在一些不占有优势的地区，例如一些过度开发自然资源、造成了环境问题从而导致发展落后的地区，或者本身自然资源匮乏、先天自然环境恶劣不适宜发展的地区，这些地区亟待解决的问题就是环境的治理问题。无论是在生态环境中占有优势的贫困地区，还是不占有优势甚至处于劣势的贫困地区，都要始终坚持以科学保护生态、科学建设生态、科学发展生态为基础，实事求是、因地制宜地采取相应的生态文明建设工作。

其二，实现脱贫，不忘经济发展这条主线。精准扶贫精准脱贫，最终要解决的是老百姓"贫"的问题，最终的目的是要实现贫困地区百姓脱贫的成果。再多的发展和建设如果不能达到这些目的，那就是劳民伤财的面子工程。

第一，因地制宜发展特色产业。要找准脱贫路子，立足资源优势、产业区位特点，做好特色文章，实现特色发展。要充分发挥资源优势，因地制宜、因户制宜实施产业精准扶贫，宜种则种，宜养则养、宜林则林、宜游则游。

第二，改革经营模式。农民个体小规模经营成本高、效益低，是农村农业发展、农民致富的"拦路虎"。为此，要以培育产业带头人为支点，通过政策上宣传、项目上协调、资金上支持，扶持帮建规模种植、养殖基地，引导成立专业合作社，引导联系农村群众走上规模化经营的道路，精确破解发展瓶颈。同时，扶持发展现代农业产业化联合体，引导各类农业经营主体联合与合作，构建以龙头企业为核心、农民合作社为纽带、专业大户和家庭农场为基础的产业化联合体，促进扶贫产业规模化、集约化发展。

第三，创新实施产业扶持政策。根据本地农业产业化布局的要求，发挥政府主导作用，整合各类扶贫项目资金，集中力量优先扶持有发展潜力的贫困村、有发展能力的贫困户选准产业。通过"扶产业"，真正实现把资源潜力转化为经济效益，切实增强自身"造血"功能，提升自我发展能力。

第四，只有做到在生态中搞经济，在经济中促生态才能做到可持续的发展。要做到这一点，首先要改变以往的贫困地区经济生产方式，将生态环保理念融入到经济建设中，要发挥出生态经济效益，积极引进、借鉴其他地区的先进技术和生产经营方式，鼓励贫困地区的集体或企业，引导群众在搞活经济建设中不忘生态，在保护生态中带动经济建设。

其三，生态与发展，守住底线、把握主线。在生态建设中，立足于绿水青山精准扶助，在经济建设中寻找新的生态环境发展方式，二者相互融合，创造贫困地区新的生态经济模式，提升贫困地区的经济收益，以致达到全面小康的最终目的。

（三）聚焦经济结构和产业调整

作为精准扶贫的重要对象，贫困地区应该跟随国家经济发展的大方向，从自身的经济结构和产业结构出发进行调整规划，从而刺激社会经济良性发展。

首先，贫困地区的经济结构调整。

第一，牢记因地制宜在经济发展中的重要作用。所谓因地制宜，就是要充分发挥政府职能部门的专业性的特殊作用，主动结合贫困地区的各自特点，按照政策要求，进行系统规划，要根据贫困地区的土壤条件、气候条件和生态环境等区域自然特点，仔细思考经济发展及建设中的效益增长点，结合现状找到适合自身的调整方式，进一步细化扶贫规划。要做到因地制宜，还要结合市场经济规律，制订适宜的产业分区规划，细化产业发展区域方案，向贫困群众推介好的产业发展思路，在尊重群众意图的前提下，鼓励引导群众自我发展，不搞行政命令式的大产业大规划，既要注重集约化、专业化，规模化，又要兼顾新、奇、特产业的发展。

第二，不要过度依赖自然资源。自然资源作为地区的先天优势，的确应该加以利用，但是过度的依赖自然资源，反而容易使经济增长局限化。短期来看，通过单纯的对自然资源的开采开发，的确可以达到经济增长的目的但却不能形成长期的经济效益，并且过度的对资源进行开采、浪费所造成的工业过剩、能源滞销，以及一系列的环境问题，都会阻碍地区的经济发展。

第三，加强经济结构调整中的协调发展。经济结构的调整绝对不是单一的、孤立的，它所需要的除了经济自身之外，还需要其他各部门的协调配合，这就需要政府在经济结构调整中起到宏观调控的作用。在贫困地区的经济结构调整中，坚决避免由于结构失衡、结构调整所带来的不利影响。

其次，推进贫困地区产业升级。

贫困地区中，存在着许多产业问题，加快调整产业结构、优化升级，提高贫困地区农民收入是重中之重，这就要求我们做好以下几点：

第一，加快技术创新。技术落后一直是贫困地区较为突出的问题，很多技术需要其他地区或国家的支持。只有结合本地区实际情况，外来技术进行创新，才能真正为己所用。因此需要吸引拥有知识技术的人才对贫困地区进行技术援助，鼓励贫困地区大学生毕业后返乡支援家乡技术建设，积极推进各地区技术交流借鉴，实现共同发展。

第二，扩大地区需求。充分利用剩余劳动力，以调整贫困地区的产业结构带动经济发展。想要调整贫困地区产业结构，尤其是加大第二、三产业的比重就需要充分利用贫困地区剩余劳动力。在贫困地区大力发展加工产业、制造业等，吸引外流务工人员返回家乡进行生产活动，鼓励农民自己创业，强化贫困地区基础设施建设并辅助相应的文化、教育、医疗设施。

第三，加快一、二、三产业融合发展。 产业升级是多方面的，每一产业本身也需要其他产业进行配合，任何一个产业都不适合单独发展，对于贫困地区来讲更是如此。我国的贫困地区主要是以第一产业为主。在扶贫过程中，应适当开展以加工制造产业为特色的第二产业，适当发展包括服务、物流、旅游等内容的第三产业，做到贫困地区的自我发展、自我建设、自我脱贫。因此贫困地区的产业结构必须要进行融合。

（四）综合施策发挥后发优势

在精准扶贫的整体规划中，必须要善用和发挥贫困地区一切优势，以贫困地区自身的优势带动相应的经济、文化、公共事业的发展，这样才能做到真正的自我脱贫。

其一，技术后发优势。 对于贫困地区来讲，技术落后是造成经济落后的一个重要因素。同时，落后的经济水平也无法进行技术的研发创新，但这也是其后发的一项优势。贫困地区可以直接吸收和借鉴先进的科学技术，避免了单纯由自身发展技术的漫长等待过程，更关键的是贫困地区可以通过直接吸收其他先进技术，进行切合自身的技术创新，这样也大大降低了技术创新的成本。

其二，劳动力后发优势。 由于贫困地区的经济条件所致，贫困地区的劳动力成本要比其他地区更低，这就从劳动力成本上大大减轻了贫困地区的负担。与此同时随着社会的不断发展，更多的贫困地区农民会选择离开家乡，无论是进城务工人员还是外出求学人员，都在技能或者知识上有了显著提升，这就整体提升了贫困地区的劳动力素质，使得劳动力在进行经济生产的过程中成为新的优势和效益增长点。要发挥劳动力后发优势关键在于要留住贫困地区劳动力，要吸引分散的劳动力回归贫困地区进行建设。

其三，环境后发优势。贫困地区往往拥有得天独厚的环境优势，由于没有过早过快地进行自然开发，或者资源获取造成了一些贫困地区落后，但是这些自然环境良好，生态环境绿色健康的环境优势，是许多经济发达地区所不具备的，正所谓绿水青山就是金山银山，因此在发展贫困地区经济建设时，必须要善于利用环境后发优势，在绝不能以环境作为代价的基础上进行经济建设。

其四，制度后发优势。在精准扶贫精准脱贫的规划中，制度建设和建立相关规范是项重要内容。我国是当今最大的发展中国家，在经济建设这条漫漫长路中无论是国家还是地方，都积累了许多宝贵的经验。而对于贫困地区来讲，这些经验可以借鉴，这样做一来有利于减轻贫困地区发展的压力，弥补制度空白，二来可以有效避免贫困地区自己探索制度的曲折路程，加快经济建设和发展的步伐。但值得注意的是，在借鉴和吸收其他地区的经验时，必须要牢记实事求是，具体问题具体分析，一切以时间、地点、条件为转移，根据借鉴的制度，适时适度地建立符合自身特点的相关制度。

三 精准扶贫工作机制

（一）贫困户认定机制

精准扶贫精准脱贫重在成效。关键是要找准路子、构建好的机制，在精准施策上出实招、在精准推进上下实功、在精准落地上见实效。

1. 贫困户"双认定""双承诺"机制

扶贫要精准，必须要弄清谁是真正贫困户，哪些人需要真扶贫。不进百村不访千户，对象就摸不准，扶贫就可能"水土不服"。解决这一问题的核心是摸清家底。要确保精准扶贫到人，要实现由政府主导的"自上而下"的贫困认定机制与贫困户参与的"自下而上"的自主参与机制，实现贫困户认定机制的"自上而下"与"自下而上"的"双认定"机制，而这种"双认定"贫困识别机制的创新和突破点在于"自下而上"贫困户参与机制。推动认定机制的"自下而上"的有效运作，就必须充分发挥基层民主，透明程序、规范操作，把识别权交给基层群众，让老百姓按照自己的"标准"识别谁是穷人。在"双认定"的基础上政府与贫困户之间还要签署脱贫承诺书，即由政府和贫困户双方沟通协商后达成的关于扶贫开发项目的"双承诺"责任书，既要摸清真正的扶贫对象和脱贫主体，又要明确细化脱贫工作的时间点、责任人和项目。"双认定"就是要实现扶贫脱贫开发工程的主体、客体之间的双向互动和彼此认同，改变传统扶贫开发过程中的对象不明、责任不清、策略模糊、决策单线的诸多弊端。"双认定""双承诺"的新型贫困认定机制的要义在于——在"精准"的核心要题的战略指导下，调动广大贫困主体共同开展扶贫攻坚计划，把与扶贫、脱贫相关的基础性工作真正做实、做细。

2."建档立卡"与"脱贫台账"机制

2013 年底，中央办公厅印发《关于创新机制扎实推进农村扶贫开发工作的意见》（中办发〔2013〕25 号）。2014 年 5 月印发《建立精准扶贫工作机制实施方案》，要求每年更新建档立卡信息。在对贫困户进行"双认定""双承诺"的精准识别基础上还要对其贫困现状、致贫原因、帮扶策略、财政补贴等各类贫困信息进行分门别类的筛选与管理，对其实现精细化的处理和管理既要有关于贫困信息的"建档立卡"，又要有脱贫方案的"脱贫台账"。对贫困地区的人口进行"建档立卡"，确保"县有档、乡有册、村有薄、户有卡"，逐县、逐村、逐户登记造册，录入电脑，建立起贫困户、贫困村、贫困县的贫困区域信息网络系统，依托信息化处理模式对贫困信息进行精细处理。

"建档立卡"后的一个重要工作就是做好"脱贫台账"，对于贫困户人口总数，现有劳动力数量，劳动力分布情况，家庭成员是否有残疾、疾病以及残疾疾病人员数量，家庭收入数目，家庭收入来源，家庭现有固定资产（土地数量，牲畜数量，农机数量等）进行详细的调查与统计，对于导致贫困的原因，是因学、因残、缺技术、缺资金、自身发展动力不足还是政策扶持力度不够都要进行详细的区分，对于每一户的上述单位项都进行仔细排查和梳理，独立成表，分别处理，有针对性地设定精准扶贫结对帮扶"双确认"卡，精准扶贫结对帮扶联系卡，贫困户脱贫攻坚责任书和承诺书，对于贫困户进入精准脱贫的时间、帮扶内容、帮扶干部和责任人都进行系统而详细的安排与对接；根据贫困原因的差异，带扶责任人要给予不同的帮扶。

对于脱贫户的认定机制构建，总体而言在于两个系统的确立，一个是"自下而上"的精细机制，一个是"自上而下"的统筹机制，具体如下图所示：

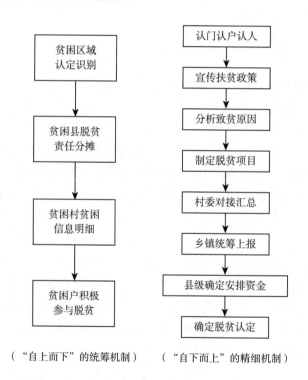

（"自上而下"的统筹机制）　　（"自下而上"的精细机制）

（二）贫困县退出机制

习近平总书记在中央扶贫开发工作会议上强调，"精准扶贫是为了精准脱贫。要设定时间表，实现有序退出，既要防止拖延病，又要防止急躁症。2016 年 4 月，中共中央办公厅、国务院办公厅印发了《关于建立贫困退出机制的意见》（以下简称《意见》），明确指出："到 2020 年，我国现行标准下贫困人口要全部脱贫，国家扶贫开发工作重点县要全部摘帽，要求各地区各部门结合实际认真贯彻执行。"因此，各地要严格按照中央要求，因地制宜，尽快制定符合本地区发展实际的贫困退出具体方案，明确实施办法和工作程序，坚决避免片面追求脱贫进度的情况发生。

1. 细化原则，精化程序

《意见》中对于贫困地区退出机制的基本原则予以了明确规定。一是要坚持坚持实事求是原则。一方面对于稳定达到脱贫标准的贫困地区要及时退出，另一方面对于新增贫困人口或返贫人口要及时纳入扶贫范围。同时要注重脱贫质量，坚决防止虚假脱贫，确保贫困退出反映客观实际、经得起检验。要依据贫困地区具体的实际情况的变化，实事求是的开展脱贫退出工作，严防各类虚脱贫现象的发生。二是要坚持分级负责原则。实行中央统筹、省（自治区、直辖市）负总责、市（地）县抓落实的工作机制。国务院扶贫开发领导小组制定统一的退出标准和程序，负责督促指导、抽查核查、评估考核、备案登记等工作。省（自治区、直辖市）制订本地脱贫规划、年度计划和实施办法，抓好组织实施和监督检查。市（地）县汇总数据，甄别情况，具体落实，确保贫困退出工作有序推进，进而把脱贫退出工作规范化、层级化、明细化、程序化，逐步确立成熟的脱贫退出机制。三是坚持规范操作原则。严格执行退出标准、规范工作流程，切实做到程序公开、数据准确、档案完整、结果公正。贫困人口退出必须实行民主评议，贫困村、贫困县退出必须进行审核审查，退出结果公示公告，让群众参与评价，做到全程透明。强化监督检查，开展第三方评估，确保脱贫结果真实可信。通过规范的程序化操作、多元化的主体参与、透明的评估与公示把脱贫退出工作落到实处，取得实效。四是坚持正向激励原则。贫困人口、贫困村、贫困县退出后，在一定时期内国家原有扶贫政策保持不变，支持力度不减，留出缓冲期，确保实现稳定脱贫。对提前退出的贫困县，各省（自治区、直辖市）可制定相应奖励政策，鼓励脱贫摘帽。对于脱贫地区的资金政策不因地区完成脱贫任务而全部撤掉，而是在一定时期内保持原有扶贫政策不变，给贫困地区的稳定与发展留出缓冲期，实现贫困地区脱贫产业和政策的平稳过渡。

2. 动态监管，杜绝虚假

对于贫困群众既要进行静态的精准识别又要有动态的实时监管。精准脱贫，其中尤为重要的环节就是对贫困信息进行动态监管。每年都应根据扶贫对象、扶贫地区的发展状况所反馈的信息进行及时的采集和处理，确保贫困信息的时效性准确性。另外，要经常组织安排贫困户结对帮扶人员下乡走访，对贫困户发展状况进行统计和梳理。同时，组织开展扶贫巡查工作，分年度、分阶段定期或不定期进行督导和专项检查。对贫困退出工作中发生重大失误、造成严重后果的，对存在弄虚作假、违规操作等问题的，要依纪依法追究相关部门和人员责任。

3. 正确对待返贫

扶贫攻坚过程中的一个严峻挑战就是返贫现象的发生。由于脱贫需要诸多因素的配合和整合，因此，局部地区出现返贫的现象也是可以理解的，对于返贫的县区和贫困户，地方政府不能因为已经进行过帮扶就对其返贫现状置之不理，而是要将其重新纳入到帮扶体系中，重新探索适合其脱贫的发展模式。

（三）扶贫工作绩效社会监督机制

党的十八大以来，中央出台脱贫攻坚督查巡查工作办法，对各地各部门落实中央决策部署的情况开展督查巡查。督查坚持目标导向，着力推动工作落实。巡查坚持问题导向，着力解决突出问题。各民主党派开展脱贫攻坚民主监督。扶贫部门加强与纪检监察、巡视、审计、财政、媒体、社会等监督力量的全方位合作，把各方面的监督结果运用到考核评估、督查巡查中。

1."系统内"与"系统外"的监督机制

一方面，要建立起扶贫开发工程系统内部的制约监督机制，对于负责扶贫项目政策的制定、扶贫资金的使用、扶贫政策的具体落实的政府部门或机关单位，必须充分发挥其自身体系内的监督机制，把机关条例、行政规则、行政处罚条例及上级对下级的制约监督等约束扶贫项目主体的规范性体制机制建立健全、充分发挥好扶贫机制内的制约监督机制，确保扶贫监督机制自身体系的完备性和可操作性。另一方面，可以组建扶贫机制系统外部的监督体系和约束机制，充分发挥地方人民代表大会、地方政协、地方党组织对扶贫开发工程的监督作用，成立由地方人大、政协、地方党组织所组成的扶贫工作监督系统。

2. 非权力系统的监督机制

精准扶贫精准脱贫不仅仅是带领贫困群众摆脱贫困，改变生活面貌的的政治任务，同时也是一个调整和规范权力系统的契机。对于精准扶贫的绩效认定，要把群众评判等"系统外"的监督与评价作用充分地发挥出来。在脱贫攻坚的过程中让新闻媒体、普通群众、贫困农户有更多的机会参与到扶贫开发的过程中来，给予对接脱贫任务的部门形成独立于体制之外的评判标准和舆论压力，让那些不作为、乱作为的单位和个人不能借助由于体制设计或实施的漏洞而蒙混过关，浑水摸鱼，让他们都接受群众的监督。确保贫困户的认定、贫困政策落实、贫困资金使用、脱贫项目的落实、帮扶任务的对接、脱贫标准的确立与审核都能有来自社会基层的监督与制约，改变传统的"官本位""一言堂"，让群众作为精准扶贫工作的最终监督者和验收者。

（四）扶贫成效第三方评估机制

扶贫工作面临着扶贫不精准、扶贫资金漏出、底层民众"被脱贫"等问题。出现这种现象的重要原因在于，地方政府自弹自唱，既是扶贫工作的执行者，又是扶贫效果的评判者，虽说上级政府部门会核查监督，但囿于人力精力所限，往往挂一漏万，难以弄清楚底层社会的所有真实图景。为此，引入第三方机构来评估扶贫工作显得尤为重要。

1. 明确第三方评估机构的选择标准

第三方评估机构既要能把握扶贫政策、熟悉理论，又要对基层的实际情况足够熟悉了解。所以选择第三估评估机构应慎之又慎，明确选择标准并采取公开竞标等方式，让第三方评估机构首先接受监暂，这样才能实现对扶贫工作更好的监督。

2. 明确第三方评估的方法和内容

扶贫成效考核指标主要包括4个方面：减贫成效、精准识别，精准帮扶、扶贫资金。其中，由第三方评估主要负责精准识别和精准帮扶，即两个方面（精准识别、精准帮扶）、三项内容（贫国人口识别准确率，贫困人口退出准确率、因村因户帮扶群众满意度）。

3. 理性对待第三方评估的结果

扶贫成效考核除了贫困人口数量、贫困群众收入等脱贫"硬指标"外，也包括一些群众认不认可、满不满意的"软指标"。在精准帮扶考核内容中，考核指标为第三方评估产生的"群众满意度"，这意味着贫困群众在脱贫成效考核中也将拥有"发言权"，可以有效避免少数干部数字造假、"假脱贫"和"被脱贫"现象，使各项脱贫数据更加可靠、更加公正，能够更好地保证脱贫工作的实际成效。第三方评估的结果的局限性是不可避免的，因此，在评价脱贫成效时，要避免盲目相信数字说了算。相信第三方评估的倾向，即必须注重听取基层干部的意见，尤其要充分考虑贫困地区群众的直接感受。

（五）扶贫广泛参与机制

脱贫攻坚工作开展的重点在于打破传统扶贫模式的区域格局，倡导互动协作的帮扶模式，改变传统的政府"一肩挑"的扶贫模式，倡导多元互动、共同参与的脱贫策略，形成广泛参与的脱贫工作机制。

1. 多元参与，协调互动

传统扶贫模式的行为主体是国家和政府，虽取得了明显成效，但这也在一定程度上分散了地方政府的精力，加大了地方政府开展其他行政事务、搞开发建设的难度。同时导致了极其丰富的社会资源和社会能力被长期忽视，没能充分挖掘社会资源。构建精准脱贫的新型脱贫工程，一个必要的条件就是要调动社会整体的力量，寻求多元参与、共同开展，打造扶贫资金和扶贫模式的新格局，努力促成"资金、技术、市场、资源、生态""五位一体"的扶贫、脱贫新态势。

2. 要素多元，形式多样

贫困地区的农民要想摆脱贫困的干扰就必须有足够充分的资源和能力去参与社会化、市场竞争。如贫困地区的发展资金来源，其关注的焦点不仅仅是贫困地区之外的政府财政扶持和社会资源的整合，同时也可以着眼于贫困地区群众自身的条件。将国家扶贫资金、社会融资、金融扶贫的小额信贷等众多资金统一整合起来，构建连接精准扶贫困难农户、金融机构及其他参与开发各方的"扶贫资金生态圈"（如下图），优化扶贫资金管理与开发。

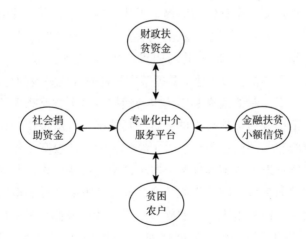

对于一切可以用来并有利于促进扶贫开发工程的开展落实的要素都可以纳入到扶贫开发的大体系中来，鼓励技术资源、资金、土地、管理等多种生产要素融入到扶贫开发过程中来，

以形成政府主导、贫困户主体、社会多元参与的脱贫开发体制机制。

（六）脱贫工作责任制

习近平总书记指出，"扶贫开发工作形势逼人，形势不等人。各级党委和政府要切实增强紧迫感和主动性，强化扶贫开发工作领导责任制，推动扶贫工作更加有效地开展"。因此，广大党员领导干部要树立正确的政绩观，坚持把精准扶贫精准脱贫工作作为全面建成小康社会的重大政治任务，切实放在心上、扛在肩上、抓在手上，强化责任、完善措施、加大力度，如期全面完成脱贫任务，确保扶贫攻坚决战决胜。

1. 认清任务，理清工作职责

落实脱贫工作责任的前提是理清扶贫工作职责。理清扶贫工作职责主要包括三个层次的内容。一是理清中央、省（自治区、直辖市）、市（地）县的职责，"中央统筹、省（自治区、直辖市）负总责、市（地）县抓落实"是脱贫攻坚战的总方略，脱贫工作责任制的确立和实施也必然按照这个方略来实施。二是理清帮扶方与被帮扶方的职责，具体来说，承担帮扶任务的各级政府和各部门、各单位，主要领导为脱贫攻坚工作第一责任人，负责组织实施本地区、本单位定点帮扶工作，制定具体到村到户的帮扶措施并组织落实；被帮扶方的党委和政府，是脱贫攻坚工作的组织者、实施者和责任者，负责组织制订本地脱贫工作的总体规划、年度计划和具体到村到户的帮扶措施，并组织实施。三是对缺乏应有工作能力和精神面貌，未能配合做好帮扶工作的贫困村委会领导班子成员，被帮扶方的党委和政府也应当对其予以调整。

2. 重视考核，做细晋升关联责任制

在对贫困地区的领导进行调任升迁时，除了进行一般的政绩考核之外，尤其要关注扶贫任务的完成度在地方政绩考核中所占的比重，把扶贫、脱贫工程看作是地方政绩考核、干部晋升的重要组成部分，不仅要审核该领导干部所在地区脱贫工作的整体推进程度和落实状况，还要审核该领导干部个人所负责的乡镇、贫困村、贫困户的脱贫工作的完成质量，把该领导直接负责对接帮扶的对象也纳入到政绩考核的序列之中，不仅要考核该贫困地区的经济发展状况在所在省份经济总量中所占的比重，而且要考核脱贫产业的数量和质量在所在省份所占的比重。

3. 强化问责，压实脱贫工作责任。

在扶贫攻坚中，分门别类对相关责任人和单位予以问责，要建立健全谁决策谁负责的问责体系。具体来说，可以从以下几个方面着手：一是对于没有按上级要求实行挂村办点的，脱贫攻坚工作年度考评结果不及格的，没有建立扶贫开发"双到"工作本级财政经费保障机制，以及与本级年度财政收入递增幅度相适应的脱贫工作财政保障经费递增机制，影响了本地脱贫攻坚工作开展的应当对帮扶、被帮扶方所在地党委、政府领导班子主要成员实行问责。二是针对帮扶部门因扶贫开发工作机构不健全或者人员不到位以及对帮扶资金管理使用不当；对脱贫攻坚工作建档立卡不完善、填报数据不真实、驻村干部管理不到位，经书面催促督办仍未改正；进而影响整体工作部署和工作进度，要对帮扶单位主要负责人实行问责。三是帮扶单位、帮扶部门因核实贫困户方法简单应当公示而没有公示引起群众上访的情形，应当对帮扶、被帮扶方部门、单位负责人实行问责。

四 扶贫工作的关键是
做到"六个精准"

习近平总书记强调要做到"扶持对象精准、项目安排精准、资金使用精准、措施到户精准，因村派人精准，脱贫成效精准"。"六个精准"覆盖了扶贫对象识别、帮扶和管理等各环节，用精准理念贯通了扶贫开发全流程，改革了现行扶贫思路和方式，能够有效引导贫困群众参与脱贫，做到项目跟着规划走，资金跟着项目走，项目资金跟着穷人走，对贫困农户实行一户一本台账、一个脱贫计划，一套帮扶措施，确保扶到最需要扶持的群众、扶到群众最需要扶持的地方。

（一）扶持对象精准

扶贫是全面小康的关键点，而全面小康突出的短板工程是让农村贫困人口脱贫。换句话说，扶贫就是要对准贫困群众的根本需求，让他们有实实在在的获得感。扶贫政策是不是落到了真贫的根上，扶贫资金是不是能用到真正的贫困人口身上，如果不能解决这两个问题，不能切实提高地方政府各项工作的"含真量"，精准帮扶扶贫对象脱贫的目标就会平添许多变数。

"扶持对象精准"是精准扶贫的第一步，如果扶持谁的问题都没搞清楚，那么所有的工作都将是南辕北辙。长期以来，地方农村贫困人口大部分都是国家统计局根据住户调查数据推算出来的结果，这个数据对于掌握研究贫困人口的规模、分析判断贫困的发展趋势有指导作用。但是在实际工作中还存在着"谁是贫困人口""贫困原因是什么""如何针对不同贫困情况进行帮扶"等不确定问题，导致扶贫政策实施存在"大水漫灌"现象。解决此问题的一个关键就是，通过科学有效的程序和方法把贫困村，贫困人口精准识别出来，并逐村逐户建档立卡。只有准确地确定贫困村、贫困人口，才可能避免普惠政策代替特惠政策、区域政策代替到户政策，进而提高扶贫效果。开展扶贫对象识别到户工作，是一项政策性很强的工作，也是事关群众切身利益很具体实在的工作，更是实施精准扶贫的一项基础性工作。因此，在实施精准扶贫工作中，必须建立扶贫对象精准识别机制，用"定位仪"和"瞄准器"对扶贫对象进行准确定位和精确瞄准，这样才能有的放矢。

在脱贫攻坚中，各级党委和政府要以最快的速度和最高的质量完成本地区贫困村、贫困人口的精准识别和建档立卡工作，并录入全国贫困农户信息系统。重点要做好以下三项工作。

第一，做好宣传工作，发动群众参与。贫困人口识别和建档立卡工作要真正取得成功，离不开群众的参与和支持，而群众参与的关键是对贫困户，贫困人口识别和建档立卡工作必须有全面了解。为此，要通过多种形式进行广泛深入宣传，向群众宣传贫困人口识别和建档立卡工作的必要性和重要性，介绍贫困人口识别的政策、程序和建档立卡工作的内容要求，使广大群众在全面了解的基础上积极参与和大力配合。

第二，核准底数，精准识别。非严谨细致不足以求公平，非实事求是不足以树公信。能不能真真实实把情况摸清楚，原原本本把政策落实好，关乎国家精准扶贫的整体战略部署。在这方面，四川宜宾等一些地方探索的"比选"确定扶贫对象的扶贫"首扶制度"，就是一个精确识别的好办法，有着较强的借鉴意义。其具体做法是：根据国家公布的扶贫标准，村民先填申请，首先由村民小组召开户主会进行比选，再由村"两委"召开村、组干部和村民代表会议进行比选，并张榜公示；根据公示意见，再次召开村、社两级干部和村民代表会议进行比选，并再次公示；如无异议，根据村内贫困农户指标数量，把收入低但有劳动能力的农户确定为贫困农户。总之，不论采取何种方式识别，都要制定统一规范的操作流程，明确识别标准、申请、评议、公示公告、核验、填报信息等要求，采取量化指标、定性指标与村民代表民主评议相结合等方法，要严把入户调查、申请评议、公示公告、抽检核查、信息录入等关口，规避人为因素，杜绝优亲厚友，认真审核，层层把关，确保识别过程公开透明、公平公正，确保扶贫信息准确、真实、可靠，进而确保建档立卡户是真贫困，确保做到扶真贫。

第三，不断完善动态监测体系。贫困人口情况的数据是动态的不断变化的，以往的扶贫工作短板就在于，识别认定制度的随意和监管制度的缺失，要精准了解贫困户的真实情况，就要建立更新周期短、内容详细的扶贫档案。在国家农村扶贫识别标准的基础上，结合本地实际，严格按照规模控制、分级负责精准识别、动态管理的原则，对经确认并录入贫困户信息管理系统中的贫困村贫困户信息进行进一步的核查、完善，确保贫困村、贫困户建档立卡基本信息准确、全面，为精准扶贫工作奠定扎实的基础。运用大数据、互联网技术，结合目前贫困村和贫困户的建档立卡工作，整合各方面的扶贫动态数据，对扶贫建档立卡信息管理系统实施动态管理，及时做好贫困村、贫困户信息的年度更新和动态监测工作，建立贫困人口进入退出机制，让脱贫的农民及时"出库"，因各种原因返贫的农民及时"入库"，增强扶贫的针对性和实效性。

贫困人口被准确识别和建档立卡后，"帮谁扶"的问题就彻底解决了，这样能通过"量身定做"有针对性的帮扶措施，把贫困人口托在"底线"之上，助他们迈入全面建成小康社会的第一道"门槛"，进而提高扶贫工作的针对性、有效性、持续性。

（二）项目安排精准

长期以来，中国农村扶贫的主要特点是区域准，以贫困地区的区域开发为主要手段，通过区域发展带动贫困人口脱贫。虽然中国经济的持续中高速增长和对贫困地区的持续开发带来了大规模的减贫，但同时也使贫困地区内部的收入分配差距不断扩大。因此，要使精准扶贫有效，就必须在扶贫对象精准的基础上，因户因人制宜，做精做细扶贫规划、找准扶贫项目和致富产业，进而根据贫困户和贫困人口的实际需要进行有针对性的项目帮扶。

所谓"项目安排精准"，就是在项目安排过程中，要根据贫困户和贫困人口的实际需要进行有针对性的项目帮扶，在找准每个贫困家庭致贫原因的基础上进行有针对性的项目安排。众所周知，贫困往往是缺资金、缺劳力、缺技术等多种因素导致的结果，具有综合性。实际上，从另一个角度来讲，贫困也存在地区差异性。因此，扶贫项目也应具有针对性和精确性。具体来讲，从中央到地方各级部门要齐抓共管，夯实基层基础，共同精准发力，并严格责任落实，要按照权责一致原则，以扶贫规划为引领，以重点扶贫项目为平台；在项目规划上要坚持"基础先行、规划到村、项目到户、责任到人"；项目决策上要深入基层了解村情民意，因地制宜确定项目；项目落实上要坚持"项目跟着规划走，资金跟着项目走，监督跟着资金走"的原则，严格按照精准扶贫的标准、程序实施项目，建好精准扶贫项目台账，实现全程监管。在责任分工上，中央要统筹制定好大政方针，出台好重大政策举措，规划好重大工程项目；各省级部门要抓好目标确定、项目下达，资金投放、组织动员，监督考核等工作；各地级市做好上下衔接、域内协调、督促检查等工作；县级相关部门要做好脱贫攻坚的责任主体，抓好具体落实。由此实现脱贫攻坚的多规划衔接，多部门协调的长效机制，整合项目安排，使扶贫项目为农、惠农。

在具体的实施过程中，项目安排在贫困户之间应具体问题具体分析，要对症下药，即在找准每个贫困户"贫根"的基础上进行有针对性的项目安排。做到短期和长期扶持项目相结合、普遍帮扶项目和地区特色帮扶项目安排相结合，进一步增强精准扶贫的针对性和有效性，从而让贫困群众得到真正的实惠，进步扩大扶贫开发项目覆盖范围，使更多人共享扶贫开发成果，缩小贫困地区内部收入差距，将项目安排落到实处，降低返贫率。

（三）资金使用精准

资金投入是扶贫项目得以落实的重要保障，是精准扶贫落实的重要支撑。资金使用精准，就是要保证到户项目有资金支持，资金要跟着精准扶贫的项目走。因为我国贫困人口基数大，而且致贫原因千差万别，对扶持项目和扶持方式的需求也大不相同。所以要保证精准扶贫的有效性和可持续性，必须根据贫困户的实际情况，因户因人制宜进行安排项目和资金，使资金精准使用，能把钱用在刀刃上。另外，再加上以往的各类扶贫资金（包括专项扶贫资金和部门扶贫资金）在管理方式上缺乏足够的灵活性，从而造成地方政府缺乏资金使用的自主权，难以做到精准扶贫。无独有偶，在以往的扶贫资金管理体制中也有同样的弊端，为了保证资金安全和便于审计，往往对资金的用途、使用的方式，扶持的标准规定过死，缺乏灵活性，导致一些贫困户需要的项目没有资金支持，不需要的项目却安排了资金，大大降低了扶贫资金的使用效率。

由此可见，扶贫基数大、致贫成因复杂交错以及管理过程中的弊端均造成了以往扶贫资金使用率不高，这就需要将资金的分配和使用权适当下放，让基层根据实际情况确定项目和分配资金，进一步增强地方精准扶贫自主权。考虑到致贫因素的综合性和复杂性，这就需要在对贫困农户进行多方面扶持的基础上，鼓励支持民营企业、社会组织、个人参与扶贫开发，实现社会帮扶资源与精准扶贫有效对接，对各个行业部门的资金进行捆绑和整合，以便于综合扶贫。

针对扶贫资金使用精准度存在的偏差，要多措并举管好用好扶贫资金。首先，要阳光操作和管理扶贫资金。按照国家《财政专项扶贫资金管理办法》，对扶贫资金建立完善严格的管理制度，全面推行扶贫资金、扶贫项目公告公示制度，对扶贫资金实行直接拨付和实时监控，增加资金使用和项目实施的透明度，充分发挥财政基层人员和人民群众对扶贫资金的监管作用，并加大对扶贫资金违纪违法案件的查处力度。其次，要调整扶贫资金分配机制，加大资金的投入，进一步加强资金的整合力度，提高资金使用率；要增强扶贫指标制定的灵活性，不能简单地与各地扶贫人数挂钩，要根据各地经济社会发展水平，农民人均纯收入，资金管理使用绩效等因素，以及财政分类分档补助办法分配；要不断完善扶贫小额贷款贴息、奖励政策，适当调整贷款利率，完善风险补偿、奖励政策，使财政扶持政策更多惠及帮扶对象，最后，要加强扶贫资金使用的事权管理。扶贫资金涉及教育、金融、农业等多个部门，要明确事权，加强统筹，整合资源，形成扶贫工作的强大合力。要确定省、市、县三级所承担的任务，责任和权力，省市两级政府主要负责扶贫资金和项目监管，要将扶贫项目审批管理权限下放到县，实行目标、任务、资金和权责"四到县"制度；促使各部门加大资金整合力度，从而确保资金使用精准度，能够集中主要力量解决突出问题。

（四）措施到户精准

因户施策，精确帮扶，是精准扶贫的关键，习近平总书记2013年11月3日至5日在湖南考察时强调："发展是甩掉贫困帽子的总办法，贫困地区要从实际出发，因地制宜，把种什么、养什么、从哪里增收想明白，帮助乡亲们寻找脱贫致富的好路子。""抓扶贫开发，既要整体联动、有共性的要求和措施，又要突出重点、加强对特困村和特困户的帮扶。"这些都充分体现了措施到户，因地制宜的针对性和精准性思想。

实事求是地讲，在以往的扶贫工作中，存在着扶贫项目落实不到户的现象或到户效率低的问题；扶贫移民搬迁中，因搬迁成本高而出现"搬富不搬穷"的现象；金融扶贫中因没有抵押和担保而经常被排除在外，难以获得贷款用于创收等。措施到户精准是为了解决上述问题，使扶贫成效切实惠及到贫困人口，保证基础设施到村到户，产业扶持到村到户，教育培训到村到户，农村危房改造到村到户，扶贫生态移民到村到户，结对帮扶到村到户，以此来确保扶贫效果。

要做到措施到户精准，就要深入分析贫困村和贫困户的致贫原因，抓住困难群众最急需、最直接、最迫切解决的热点、难点问题，重点探索和建立贫困户的受益机制，确保帮扶到最需要帮扶的群众，帮扶到群众最需要扶持的地方。对群众的脱贫致富措施要精准到户，对不同情况的贫困户，要区别对待、靶向治疗、个性扶贫，做到"一把钥匙开一把锁""一户一条致富路"，真正形成"实打实、点对点"的效果。具体来讲，在产业发展和创收方面，要重点探索如何将贫困户纳入到现代产业链，解决贫困户经常面临的技术、资金、市场等方面的困难。在移民搬迁项目中，需要采取差异化的补贴政策，增加对建档立卡贫困户的建房补贴。同时通过控制建房标准来降低搬迁成本；在金融扶贫中，可以通过信贷，保险和抵押市场的综合金融改革，进一步加强贫困户获得金融服务的能力。

因此，在落实措施到户的过程中，一方面，村"两委"要制定精准扶贫政策，坚持"因村施策、一村一策"，逐村制定一个内容简洁清晰的整村脱贫工作打算，进一步健全完善扶贫台账，实现基础设施、产业扶持、教育培训、危房改造，生态移民，结对帮扶"六个到村到户"，做到"规划到村、扶持到户、脱贫到人"。

另一方面，针对贫困户因灾、因病、因学、缺产业、缺技术、缺劳力等致贫因素，帮扶干部要围绕基本情况、收入水平、贫困原因、扶持措施、帮扶人员、脱贫时限等重点，逐户完善结对帮扶贫困户的精准脱贫卡册，真正实现"一对一，点到点"精准帮扶。

（五）因村派人精准

相对而言，贫困村干部的文化程度普遍较低，加上大量年轻人外出打工，导致一些地方贫困状况变得更为严重，这都给精准扶贫精准脱贫工作带来挑战。因村派人精准，就是要做到精准选派、精准发力，努力建设一支能打硬仗的扶贫攻坚突击队，从而增强村级实施精准扶贫精准脱贫的能力，为加快贫困村生产发展、增收脱贫奠定坚实的组织基础和作风保障。

各级党委和政府在推进精准扶贫精准脱贫时，要注意通过选派思想好，作风正，能力强的优秀年轻干部到贫困地区驻村，选聘高校毕业生到贫困村工作，根据贫村的实际需求，提高县以上机关派出干部比例的方式，精准选配第一书记，精准选派驻村工作队，从而在短期内大幅提高贫困村的管理水平。

一方面，要精准选派驻村干部。各级党委和政府要在充分调研摸底，实现帮扶干部和贫困村双方情况清楚的基础上，做到帮扶干部和贫困村合理匹配。比如，对矛盾纠纷集中，上访问题多的村，注重选派熟悉法律，群众工作经验丰富的干部；对富民产业不明确，群众种养知识贫乏的村，注重选派熟悉产业发展的技术干部；对村党组织软弱涣散、凝聚力不强的村，注重选择熟悉党务的干部。通过有针对性地选派，最大限度地让选派干部发挥自身优势，在群众观念转变，富民产业发展，基层组织建设，文明乡风培育，破解发展难题等方面做贡献、出实绩。另一方面，要精准管理村干部。为了让驻村帮扶工作出实绩、有实效，严格到村任职干部的实绩考核，把脱贫攻坚实绩作为选拔任用干部的重要依据，在脱贫攻坚第一线考察识别干部，要强化日常监管，建立组织部门、派出单位，乡镇党委，扶贫部门等相关部门的联动管理机制，全方位了解选派干部履职情况，不断鼓励各级干部到脱贫攻坚战场上大显身手。与此同时，驻村干部本身要将工作重点放在精准扶贫精准脱贫上，帮村"两委"改进贫困户的识别方法，积极协助解决识别过程中容易出现的矛盾，促使村"两委"建立有效的扶贫到户机制，并对村级的精准扶贫精准脱贫工作进行有效监督，让贫困户真正受益。

党的十八大以来，党中央高度重视选派机关优秀干部到村担任第一书记，目前全国共有 19.5 万名第一书记奋战在脱贫攻坚第一线。第一书记和驻村工作组在组织动员群众，宣传政策措施，开展贫困识别建档立卡，编制脱贫规划和年度计划，落实脱贫攻坚政策措施，发展特色产业脱贫和壮大集体经济，组织劳务输出脱贫，实施易地扶贫搬迁，监管扶贫资金项目，加强基层组织建设等方面发挥了重要作用。选派第一书记的做法，不仅有力推动了脱贫攻坚，而且成为全面从严治党向下延伸的重要抓手。

（六）脱贫成效精准

习近平总书记指出，"贫困退出要预防两种情况，一个是拖延病，一个是急躁症。贫困退出既要看数量，更要看质量，质量就是稳定脱贫、精准脱贫，要设定时间表，实现有序退出，要留出缓冲期，在一定时间内实行摘帽不摘政策。要实行严格评估，按照摘帽标准验收。要实行逐户销号，做到脱贫到人"。脱贫成效精准，即精准脱贫，是精准扶贫的出发点和归宿，就是要使扶贫成果真实可靠，扶贫开发工作具有可持续性。

要达到脱贫成效精准，前面五个精准是保障。在此基础上，要一步一个脚印，确保各项扶贫政策措施落到实处，积小胜为大胜，最终取得全面胜利。首先，要层层落实责任。要坚持党的领导，五级书记一起抓，发挥政府的主导作用。要落实贫困户的主体责任，促使其把主要精力用在扶贫开发上，积极落实相关行业扶贫责任，把扶贫任务优先纳入行业划并认真实施。与此同时，要落实驻村工作队和第一书记的责任，不脱贫不脱钩。其次，要夯实精准扶贫基础。要建立分类施策政策体系，确保扶贫资金和政策精准落实到村到户到人。不断加强贫困村基层组织建设，充分调动贫困群众的积极性，提高其参与度、获得感，激励其自力更生，激发其脱贫的内在动力与活力。再次，要实施更广泛的社会动员。要提高党政机关和企事业单位定点帮扶、东西部扶贫协作的精准性、针对性、有效性，进一步动员民营企业、社会组织和公民个人广泛参与，凝聚扶贫攻坚强大合力。此外，要不断加强扶贫机构队伍能力建设，提高干部攻坚克难能力和水平。最后，要大力加强宣传。宣传习近平总书记精准扶贫精准脱贫战略思想；宣传扶贫成就，坚定全国人民走中国特色社会主义道路的信心；宣传脱贫致富典型，坚定贫困群众改变命运的决心；宣传社会各界对贫困人口的关心，弘扬中华民族扶危济困优良传统；宣传党的扶贫政策，促进政策落实到村到户到人。

五 精准扶贫工作的路径

（一）特色产业扶贫

经过 40 年的发展，我国平原地区绝大多数人口已经摆脱贫困，剩余贫困人口主要集中于山区、高海拔地区。这些地区种植水稻、小麦等大宗农产品面临诸多劣势，但其资源环境的独特性常常为发展水果、茶叶、中药材、木本油料、特色养殖等特色产业提供了有利条件。随着经济的发展和生活水平的提高，我国农产品消费市场发生了巨大变化，城乡居民对水果等特色农产品的需求不断增加，为山区、高海拔地区发展特色产业提供了日益广阔的市场空间。在这种背景下，中央结合宏观经济结构性调整的总体部署，将"发展特色产业脱贫"摆在"五个一批"的首位，做出顶层设计，出台系列支持政策，推动全国产业扶贫实践迈上一个新台阶。

1. 特色产业扶贫的顶层设计

（1）选好选准特色产业

正确选择特色产业体现了产业项目安排上的精准要求，也是产业扶贫工作成功的关键。在我国产业扶贫实践的过程中，有不少失败的案例，产业选择不当是一个主要因素。《中共中央国务院关于打赢脱贫攻坚战的决定》提出：要重点支持贫困村、贫困户因地制宜发展种养业等；实施贫困村"一村一品"产业推进行动，扶持建设一批贫困人口参与度高的特色农业基地。

《贫困地区发展特色产业促进精准脱贫指导意见》指出：要科学确定特色产业，科学分析贫困县资源禀赋、产业现状、市场空间、环境容量、新型主体带动能力和产业覆盖面，选准适合自身发展的特色产业；要积极发展特色产品加工，促进一、二、三产业融合发展，拓宽贫困户就业增收渠道。

（2）发挥新型经营主体的带动作用

贫困户自身的脱贫能力比较薄弱，在发展产业方面思路较窄、开拓能力不足、缺乏作出正确经营发展决策的能力，且在市场信息获得方面处于弱势地位，因而要借助市场力量带动贫困户发展，形成脱贫增收的合力，提高扶贫效益。《中共中央国务院关于打赢脱贫攻坚战的决定》提出：要加强贫困地区农民合作社和龙头企业培育，发挥其对贫困人口的组织和带动作用，强化其与贫困户的利益联结机制。农民合作社和龙头企业等是连接贫困农户和市场的桥梁，也是健全并完善产业价值链的主体力量。《贫困地区发展特色产业促进精准脱贫指导意见》也强调：要发挥新型经营主体的带动作用，培育壮大贫困地区种养大户、农民合作社、龙头企业等新型经营主体，支持通过土地托管、牲畜托养、吸收农民土地经营权入股等途径，与贫困户建立稳定的带动关系，带动贫困户增收；支持新型经营主体向贫困户提供全产业链服务，切实提高产业增值能力和吸纳贫困劳动力就业能力。

（3）强化产业扶贫的支持政策

具体包括财政金融领域的支持；科技与人才领域的支持；电子商务和流通领域的支持。

2. 特色产业扶贫的本地化政策与实践

出台产业扶贫实施意见、编制实施产业扶贫规划、细化产业扶贫政策措施是省级以下地方政府贯彻中央政府顶层设计的具体途径。

（1）因地制宜出台产业扶贫实施意见或编制产业扶贫规划

贵州省《关于扶持生产和就业推进精准扶贫的实施意见》提出：要大力发展现代山地特色高效农业，发展农业优势产业和二、三产业，促进产业链增值收益更多留在产地、留给农民。《湖北省"十三五"产业精准扶贫规划（2016—2020年）》提出：大别山区、武陵山区、秦巴山区、幕府山区等贫困片区要从本地资源环境条件出发，大力发展本地特色优势产业，实现区域扶贫与产业精准扶贫"两轮驱动"。《自治区农牧厅、自治区扶贫办培育特色产业精准扶贫实施意见》提出：要依托自然资源和产业特点，因地制宜发展特色种养业，重点发展草畜、蔬菜、马铃薯、枸杞、酿酒葡萄、中药材、苗木、特色经果林、小杂粮等产业。

（2）健全新型市场经营主体的带动机制

贵州省《关于扶持生产和就业推进精准扶贫的实施意见》提出：要大力发展农村股份合作，积极培育新型农业经营主体，大力推进农业适度规模经营，引导贫困农户依法自愿有偿流转土地经营权，以土地和农业设施、机械、扶贫到户资金项目等资产作价入股，按股分享经营收益，提高贫困农户财产性收入。《湖北省"十三五"产业精准扶贫规划（2016—2020年）》指出：要积极培育专业合作社和家庭农场等新型市场主体，充分发挥专业合作社外联市场、内接农户的优势，将千家万户分散种植有机地统一起来，对农户统一品种、统一培训、统一销售；发挥龙头企业优势，带动贫困户实现稳定增收；支持龙头企业发展企业订单模式。《宁夏特色产业精准扶贫规划（2016—2020年）》指出：要培育壮大贫困地区农民合作社、家庭农场、种养大户、龙头企业等新型经营主体，支持新型经营主体通过土地托管、牲畜托养、吸收农民土地经营权入股等途径，与贫困户建立稳定的带动关系，带动贫困户增收；加快贫困县区农村产权制度改革，积极培育和发展农村产权流转服务中心，开展农村土地经营权、林权、"四荒"使用权、农村集体经营性资产、农业生产设施设备等农村产权流转交易；引导贫困户以土地入股等方式组建土地股份合作社，发展规模经营，从股权分红中稳定提高收入。

（3）强化产业扶贫的保障措施

《贵州脱贫攻坚投资基金扶贫产业子基金管理办法（试行）》显示，贵州省设立了 1 200 亿元规模的产业基金，通过股权投资支持扶贫产业发展。《湖北省"十三五"产业精准扶贫规划（2016—2020 年）》提出：强化产业扶贫投入保障机制，以财政资金统筹为主体，引导金融资金和社会资金等各种资金参与；大力实施扶贫小额信贷工程，鼓励有条件的县市统筹资金，建立风险补偿机制，对有发展意愿、有资金需求的贫困户实现"10 万元以内、三年期限、无担保、免抵押、全贴息"基准利率的信用贷款全覆盖。宁夏回族自治区《关于创新财政支农方式加快发展农业特色优势产业的意见》提出：要从加强风险防控、加大涉农资金整合力度、创新财政支农方式、建立推荐审核机制等方面推进财政支农方式改革；支持开展关键技术攻关和实用技术推广、推进农业机械全程全面应用和加大农机农艺融合；强化农业信息服务。宁夏回族自治区农牧厅、财政厅还专门出台了《关于创新财政支农方式加快发展农业特色优势产业的扶持政策暨实施办法》，对财政资金支持特色产业进行了具体安排。

3. 特色产业扶贫的初步效果

实践表明，特色产业扶贫的顶层设计，经省、市、县等层级的贯彻落实和创造性转化，在不同地域形成了不同特点的产业扶贫模式，取得了较明显的扶贫成效。这里仍以贵州、湖北、宁夏为例进行阐述。

（1）水城县猕猴桃产业带动盘活了农村资源，拓宽了农户增收渠道

入驻米箩镇的润永恒公司是农村"三变"改革的最初实践者和受益者。从 2012 年开始，公司入驻俄戛村，从事猕猴桃种植和销售，投资 1.8 亿元建设万亩猕猴桃产业园。推行农村"三变"改革的当年，公司产值 400 多万元，农民分红 100 多万元。截至 2015 年 9 月，建成猕猴桃基地 6 700 亩[①]，入股农户达 1 286 户 3 000 余人。农户通过土地入股，可获得保底分红（第一个五年 600 元 / 亩，第二个五年 1 300 元 / 亩，第三个五年 2 000 元 / 亩，第四个五年 2 500 元 / 亩）；利用技术及劳动力入股，可获得管理地块产生利润 30% 的股权分红和务工工资（管理工人 3 000 元 / 月，普通工人 1 800 元 / 月）。

农户收入不断提高，贫困人口逐年减少。猴场乡猴场村共 1 250 户 5 320 人自主种植猕猴桃，其中贫困户 134 户 410 人，全村共种猕猴桃 4 550 亩，已挂果 1 200 亩，年产猕猴桃 240 万斤[②]，产值 3 600 万元，农户在丰产期每年收入可达 1 万元 / 亩以上。润永恒公司的基地所在地俄戛村，猕猴桃产业覆盖 13 个组 460 户 1 305 人，农户人均增收可达 8 000 余元。润永恒公司 2014 年带动俄戛村脱贫 68 户 271 人，2015 年带动脱贫 78 户 301 人，2016 年带动脱贫 199 户 569 人。

（2）平塘县茶产业

①产业规模不断扩大，对贫困户的带动作用明显。全县茶园面积由 2007 年的 0.72 万亩增加到 2016 年底的 17.52 万亩，投产面积 8.28 万亩；全县从事茶叶种植、加工的农户有 7 000

---

① "亩"为非法定计量单位，1 亩 =1/15 公顷。——编者注。

② "斤"为非法定计量单位，1 斤 =1/2 千克。——编者注。

多户，涉茶人员 10 万人。2015 年茶叶产量 949 吨，产值 28 668 万元，茶农人均年收入 4 000 元以上。其中，种茶大镇大塘镇栽种茶叶 10.02 万亩，投产面积 6.28 万亩，截至 2017 年 4 月 20 日，全镇已加工茶叶 24 600 万斤，产值 1 968 万元，大塘镇 11 家茶企 2017 年春茶收购茶青、采茶务工费用共计 528.9 万元，带动贫困户 420 户就业。

②龙头企业不断发展壮大。截至 2016 年 11 月，全县注册成立茶企业 40 多家，注册茶叶类商标 10 多个。已有 14 家茶企投产，全部实现清洁化生产，累计完成茶叶产量 1 896 吨，产值 37 920 万元，其中名优茶产量 321 吨，产值 24 396 万元；大宗茶产量 1 575 吨，产值 13 524 万元，完成茶叶销售 547.8 吨，占总产量的 60%，销售总额 17 226 万元，占总产值的 55%；电商销售完成 152 万元，占总销售额的 0.88%。

（3）罗田县九资河镇中药材产业

①贫困户发展产业增收明显。2016 年，全镇发展中药材种植的贫困户达到 1 275 户，合计种植茯苓约 1 054.3 亩、天麻 464.2 亩。农户自主种植天麻每亩净利润 1 万 ~ 10 万元（视产量和品质而定），茯苓每亩净利润 4 000 元左右，全镇中药材种植平均为贫困户增收 8 600 元。

②龙头企业带动脱贫成效显著。本土龙头企业正光药业公司 2017 年扶持 14 个村共 282 户贫困户种茯苓，补贴茯苓种苗的 30%，部分特困户 100% 补贴，共补助 51 930 元，带动 5 个贫困户务工，人均年薪 3 万 ~ 4 万元，共带动 291 户农户发展中药材产业。全年合计发放中药材产业发展补助资金 490 万元，直接和间接带动全镇 8 个重点贫困村和 834 户贫困户"户脱贫、村出列"，脱贫成效明显。

（4）英山县茶产业

①产业规模扩大，贫困户发展产业的积极性提升。2016 年，

全县茶园总面积达到 25.34 万亩，茶叶总产量 2.74 万吨，茶叶均价 72.4 元 / 千克，产值 19.84 亿元；其中名优茶产量 1 030 万千克，均价 132.42 元 / 千克，产值 13.64 亿元；大宗绿茶产量 1 437 万千克，均价 24.56 元 / 千克，产值 3.53 亿元。茶产业对农民人均纯收入贡献率为 55%。

②贫困户组织化程度提高，自我发展能力增强。2016 年底，全县参与茶产业精准扶贫的市场主体达 72 家，占全县产业扶贫产业的 70%，签订贫困户帮扶"五方协议"9 888 户，占全县建档立卡贫困户总数的 30%，茶产业市场主体帮扶贫困户脱贫率达 70% 以上。2017 年，自主发展茶产业的农户每年每亩利润达 1 000 元以上，每户平均种茶 10 亩左右，种茶年收入在 1 万元以上。

（5）固原市原州区姚磨村冷凉蔬菜产业

①产业发展规模不断扩大。姚磨村 2013 年建成原州区首个万亩冷凉蔬菜基地，为群众增收 400 余万元；2014 年在河东、别庄村流转土地 6 000 亩，新建万亩冷凉蔬菜基地 1 个；2015 年底又在周边曹洼、石碑村流转土地 7 000 余亩，打造曹洼—石碑万亩冷凉蔬菜基地，共打造 3 个万亩冷凉蔬菜基地，带动辐射周边 10 个村组大力发展蔬菜产业。

②带动农户增收明显。通过示范基地建设，提高蔬菜的质量，拓宽蔬菜的销售市场，增加产业附加值，增加农民收入，基地亩净增产值 1 000 元以上，姚磨村户均增收 2 000 元以上。同时带动辐射周边 10 个村组大力发展蔬菜产业，户均增收 5 000 元以上，年均解决农村剩余劳动力 3 000 余人。姚磨村 2015 年人均纯收入 9 500 元，2016 年人均纯收入增加到 12 000 元，增长率达 26%。全村 53 户贫困户有 44 户 2016 年实现脱贫。

（6）隆德县清凉村林下经济和休闲农业

①村集体经济不断壮大。村内农民合作社 2016 年养土鸡

10 000 只，种植色素菊 220 亩，全年经营总收入达到 104.6 万元，实现纯收益 19.8 万元，累计现金入股 39 户、38.8 万，土地入股 13 户、90 亩。合作社年终按每股 40 元进行了分红，村集体获得收入 1.07 万元。

②农户增收渠道增加。2016 年，本村农户在色素菊基地打工一天可获得 80 元工资，在养鸡场打工每月工资 2 000 元，全村在合作社就业的劳动力达到 50 人以上，共获得工资性收入 41.8 万元。

4. 特色产业扶贫面临的问题和挑战

在快速推进和发展的过程中，特色产业扶贫也暴露出一些值得重视的问题，出现了一些需要认真应对的挑战。

（1）产业链条短，产业化经营水平不高

尽管中央政府在制定政策时多次提到要促进一、二、三产业融合发展，但贫困山区不少特色农产品加工业都存在发展滞后、产业链条短、附加值低、效益不高、竞争力不强等问题。大部分特色产业只局限于一产，相关企业大多规模较小，机械化程度低，只能进行初级简单加工。例如，英山县茶叶加工仍以原料的初级加工为主，产品结构单一雷同，精深加工产品少，茶饮料、茶食品、茶保健品等产品开发基本还未起步。此外，水果等新鲜农产品的生产具有季节性，贫困地区冷链物流设施落后，农户以销售鲜果为主，面临上市季节价格下跌的困扰，从产业发展中获得的收益有限，制约了特色产业扶贫的实际效益。

（2）农民组织化程度不高，抵御风险的能力不足

近年来贫困地区虽然通过推进土地流转、培育新型经营主体，使得农民的经营规模有所扩大、合作化程度有所提高，但仍然有相当部分的农户进行小规模生产、分散经营，这些农户的生产经营受市场价格起伏波动的影响较大。以罗田县九资河镇中药材产业为例，自己种植中草药并自行销售的农户占大多数，其产品质量参差不齐，市场价格不统一，存在"经纪人"压价赚取利润的情况；同时，农户抵御自然灾害风险的能力较差，因灾致贫或返贫的风险较高。

（3）贫困村发展特色产业的人力资源比较贫乏

特色产业发展对于经营者和劳动者的素质具有较高要求，生产阶段的劳动投入和田间管理技术决定着农产品的产量和质量，进而影响着其经济效益。例如，九资河种植天麻产业的农户，田间管理到位的每年可以获得每亩 10 万元的利润，而投入劳动量较少或很少管护的农户每年能获得的利润仅为每亩 1 万元，差距非常大。很多贫困村外出人口较多，留守农业的主要是妇女、老人，致使政府支持的特色产业扶贫项目常常面临劳动力短缺和后期管护难到位的问题。例如，贵州省平塘县茶产业发展过程中，由于劳动力质量跟不上，茶园管护不到位，茶叶产量和品质得不到保证，种植茶叶收入不高，难以达到持续增收的目的。

（4）市场主体的带动作用难以持续

在各地的产业扶贫实践中，形成了各种贫困户与新型市场经营主体对接的利益联结机制，虽带动了贫困户增收，但部分企业在一定程度上牺牲了自身经济效益，农户与市场主体之间的共赢机制尚不完善。还有部分市场主体被动参与扶贫，只为完成政府的任务、享受政策优惠而给予贫困农户资金或物质性的短期帮扶，对农户发展产业的后续问题往往没那么上心。对市场主体的评估机制不够完善，市场主体在享受政府扶贫资源的同时，究竟对贫困户有多大带动作用，如何发挥指导、帮扶、示范作用，则没有可靠的评价指标和评估制度。部分市场主体在享受扶贫资源的基础上，从发展产业中赚取大部分利益，而农户从中获益较少，利益分配不平衡，呈现"扶富不扶贫"的特征。如何能够让贫困户与市场经营主体在产业扶贫实践中获得双赢，使得产业扶贫机制具有可持续性，值得进一步思考。

（5）一些顶层设计在基层未得到有效落实

各级政府虽相继出台了一系列产业扶贫扶持政策，但宣传力度不够，市场主体和扶贫对象对政策的了解不全面、不具体。有的政策性文件虽提出了指导性意见，却缺乏具体的实施细则，实际操作有困难。涉及产业扶贫的贴息贷款和扶持资金，有的还只停留在文件中，没有落实到产业上。有些扶贫资金审批步骤多、程序相对复杂，到位的速度相对较慢；有时候扶贫资金本应在农业投入的时间段发放，却错过了时间，导致扶贫资金的作用没有得到发挥和体现。顶层政策设计好，但好多没有得到落实，企业投入特色产业发展难以得到有效扶持，这是我们在调研中了解到的很多市场经营主体反映的问题。

（二）转移就业脱贫

1. 转移就业脱贫的政策背景

我国农村存在大量剩余劳动力，其中很大一部分来自贫困地区的贫困家庭，激发这部分剩余劳动力的潜能，对于脱贫攻坚具有重要的意义。据统计，2013—2016 年，我国农民工总量从 26 894 万人增至 28 171 万人，其中外出农民工数量从 16 610 万人增至 16 934 万人；同时，贫困地区农村居民工资性收入占比提高，2016 年贫困地区农村居民人均工资性收入 2 880元，与 2012 年相比，年均增长 16.5%，占可支配收入的比重为34.1%，比 2012 年提高 4.1 个百分点。可见，转移就业是实现贫困人口脱贫的重要途径。

但不可否认的是，由于长期以来的城乡二元分割，广大农民工进入城市务工过程中，在寻找工作、技能培训、权益维护、城市融入、返乡创业等方面存在不少问题。主要表现在以下五个方面。

第一，就业服务平台建设滞后。长期以来，我国缺乏对贫困人口中有外出就业意愿劳动力的摸底调查，导致转移就业脱贫难以确定底数，难以做到精准施策、精确帮扶。而且在乡、村层级缺乏运转良好的公共就业服务平台，农民工外出就业带有极大的自发性和盲目性。一方面，有外出意愿的劳动力不了解招工信息，不知道去哪里找工作；另一方面，有用工需求的企业不知道哪里有劳动力，难以招到合适的工人。

第二，农民工职业技能较低。贫困地区人口文化程度不高，绝大部分都是初中及以下的文化程度，劳动力技能水平普遍较低。在进城找工作的过程中，大量缺乏职业技能的农民工进入的往往是底层就业市场，从事的多是一些城里人不愿干的工作，这类工作一般工作时间长、工资待遇低、工作环境恶劣、劳动保护差。

第三，劳动权益得不到保护。农民工很多在非正规部门就业，因此农民工签订劳动合同的比重不高，2016 年与雇主或单位签订了劳动合同的农民工比重为 35.1%。其中，外出农民工与雇主或单位签订劳动合同的比重为 38.2%，本地农民工与雇主或单位签订劳动合同的比重为 31.4%。农民工超时劳动比较普遍，2016 年农民工年从业时间平均为 10 个月，月从业时间平均为 24.9 天，日从业时间平均为 8.5 个小时，日从业时间超过 8 小时的农民工占 64.4%，周从业时间超过 44 小时的农民工占 78.4%。农民工被拖欠工资现象并不鲜见，2013—2016 年被拖欠工资的农民工比重分别为 1%、0.76%、0.99%、0.84%，2016 年农民工人均被拖欠工资 11 433 元，比上年增加 1 645 元，增长 16.8%。

第四，**农民工城市融入困难。**城市居民对农民工的歧视、对农民工的"污名化"仍然广泛存在；农民工文化娱乐生活比较单调，业余时间主要用于看电视、上网和休息；农民工社会交往面窄，主要局限于农民工自身的圈子，除家人外，进城农民工业余时间人际交往对象主要包括老乡、同事、其他外来务工人员，或基本不和他人来往；农民工在城市购房的比例较低，落户城市并不容易。

第五，**农民工返乡就业创业难度大。**当前我国进入经济新常态，经济下行压力大，不少沿海劳动密集型企业裁员，大量农民工返乡。对于大多数返乡农民工，特别是贫困家庭的返乡农民工，在返乡就业创业政策体系仍不完善、支持力度还比较小的情况下，要实现返乡就业创业难度很大。

面对这些突出问题，如果不在转移就业脱贫供给侧进行结构性改革，就难以真正解放生产力，难以有效释放贫困户脱贫致富的动能。因此，在习近平总书记精准扶贫思想指引下，中央将转移就业脱贫作为重要的脱贫途径，进行了高屋建瓴的顶层设计。

2. 转移就业脱贫的顶层设计

《中共中央国务院关于打赢脱贫攻坚战的决定》明确提出，将引导劳务输出脱贫作为新时期脱贫攻坚的重要方式之一。因此，无论是贫困人口自发性的劳务输出，还是地方政府有组织性的劳务输出，都体现出对贫困人口和贫困地区自力更生缓解贫困的精神和行为导向。作为转移劳动力脱贫的重要方式，一方面必须对农村外出务工人员进行技能和生活方式的培训，使他们能够掌握在城市就业的技能并适应现代城市的生活方式；另一方面，要制定相关的政策法规，保障农村贫困地区的农民工向城市流动的合法权益。

（1）劳务输出

①职业技能培训。职业技能培训是把农村剩余劳动力通过转移就业输送出去的重要基础。在国务院扶贫办的新世纪三大扶贫工作重点中，劳动力输出转移就业培训就是其中之一。职业技能培训也是国务院扶贫办系统长期以来开展的一项常规工作，"雨露计划"即为典型代表。2015年6月2日，国务院扶贫办、教育部、人力资源和社会保障部联合印发的《关于加强雨露计划支持农村家庭新成长劳动力接受职业教育的意见》（国开办发〔2015〕19号）指出，对于贫困家庭子女参加中、高等职业教育，给予家庭扶贫助学补助。学生在校期间，其家庭每年均可申请补助资金。各地根据贫困家庭新成长劳动力职业教育工作开展的实际需要，统筹安排中央到省财政专项扶贫资金和地方财政扶贫资金，确定补助标准，可按每生每年3 000元左右的标准补助建档立卡贫困户。享受上述政策的同时，农村贫困家庭新成长劳动力接受中、高等职业教育，符合条件的，享受国家职业教育资助政策。"雨露计划"为提高农村劳动力的文化素质和技能水平、增强贫困人口自我发展能力、促进农村劳动力转移就业和创业、增强贫困人口的收入做出了巨大贡献。

2015年11月29日，《中共中央国务院关于打赢脱贫攻坚战的决定》也强调了劳动力技能培训的重要性。引导劳务输出脱贫，加大劳务输出培训投入，统筹使用各类培训资源，以就业为导向，提高培训的针对性和有效性。加大职业技能提升计划和贫困户教育培训工程实施力度，引导企业扶贫与职业教育相结合，鼓励职业院校和技工学校招收贫困家庭子女，确保贫困家庭劳动力至少掌握一门致富技能，实现靠技能脱贫。进一步加大就业专项资金向贫困地区转移支付力度。支持贫困地区建设县乡基层劳动就业和社会保障服务平台，引导和支持用人企业在贫困地区建立劳务培训基地，开展好订单定向培训，建立和完善输出地与输入地劳务对接机制。

2016年7月6日，人力资源和社会保障部印发了《人力资源和社会保障事业发展"十三五"规划纲要》（人社部发〔2016〕63号），指出对农民工的职业技能培训要通过订单、定向和定岗式培训，对农村未升学初高中毕业生等新生代农民工开展就业技能培训，为有创业意愿的农民工提供创业培训，累计开展农民工培训4 000万人次。

2016年11月23日，国务院印发了《关于"十三五"脱贫攻坚规划的通知》（国发〔2016〕64号）。通知指出，要大力开展职业培训，完善劳动者终身职业技能培训制度。针对贫困家庭中有转移就业愿望的劳动力、已转移就业劳动力、新成长劳动力的特点和就业需求，开展差异化技能培训。整合各部门各行业培训资源，创新培训方式，以政府购买服务形式，通过农林技术培训、订单培训、定岗培训、定向培训、"互联网＋培训"等方式开展就业技能培训、岗位技能提升培训和创业培训。加强对贫困家庭妇女的职业技能培训和就业指导服务。支持公共实训基地建设。

②权益保护。随着我国工业化和城市化建设进程的加快，越来越多的农民工进城打工，农民工的数量日益增多，已逐步成为我国产业工人的重要组成部分。而现实中农民工进城务工的劳动权益却始终得不到应有的保障，农民工进城务工的各种劳动权益被严重侵害，这严重阻碍了社会文明的进步与和谐发展。近年来，这些问题日趋严重，逐渐引起了党中央的高度重视，制定了一系列保障农民工权益和改善农民工就业环境的政策措施，收到了显著的成效，特别是针对农民工工资被拖欠、进城务工遭到歧视、正当权利受到损害等突出问题，开展了专项整治。这些方面的工作，在社会中产生了积极的反响，农民工工资拖欠和外出就业环境有所好转。

为了保障农村劳动力向城市输入过程中的就业权以及其他权利，党中央制定并出台了大量的政策。2015年4月27日，国务院向各省、自治区、直辖市人民政府，国务院各部委、各直属机构印发了《关于进一步做好新形势下就业创业工作的意见》（国发〔2015〕23号），推进农村劳动力转移就业。结合新型城镇化建设和户籍制度改革，建立健全城乡劳动者平等就业制度，进一步清理针对农民工就业的歧视性规定。完善职业培训、就业服务、劳动维权"三位一体"的工作机制，加强农民工输出输入地劳务对接，特别是对劳动力资源较为丰富的老少边穷地区，充分发挥各类公共就业服务机构和人力资源服务机构作用，积极开展有组织的劳务输出，加强对转移就业农民工的跟踪服务，有针对性地帮助其解决实际困难。

2015年11月29日印发的《中共中央国务院关于打赢脱贫攻坚战的决定》明确提出了针对农村贫困地区剩余劳动力外出务工的权益保护措施，鼓励地方对跨省务工的农村贫困人口给予交通补助对在城镇工作生活一年以上的农村贫困人口，输入地政府要承担相应的帮扶责任，并优先提供基本公共服务，促进有能力在城镇稳定就业和生活的农村贫困人口有序实现市民化。

2016年1月19日，国务院办公厅印发《关于全面治理拖欠农民工工资问题的意见》（国办发〔2016〕1号）。该意见指出，以建筑市政、交通、水利等工程建设领域和劳动密集型加工制造、餐饮服务等易发生拖欠工资问题的行业为重点，健全源头预防、动态监管、失信惩戒相结合的制度保障体系，完善市场主体自律、政府依法监管、社会协同监督、司法联动惩处的工作体系。

2016年7月6日，人力资源和社会保障部印发了《人力资源和社会保障事业发展"十三五"规划纲要》（人社部发

〔2016〕63号）。在保障农民工合法权益方面明确指出，依法维护农民工劳动保障权益，全面治理拖欠农民工工资问题。推进户籍制度改革，实施居住证制度，推动农民工及其随迁家属逐步平等享受义务教育、公共卫生服务等基本公共服务，有序推进农民工市民化。推动开展新市民培训，促进农民工实现社会融合。开展农民工市民化进程动态监测。

2016年11月23日，国务院印发了《关于"十三五"脱贫攻坚规划的通知》（国发〔2016〕64号）。该通知明确强调，保障转移就业贫困人口合法权益，加强对转移就业贫困人口的公共服务。输入地政府对已稳定就业的贫困人口予以政策支持，将符合条件的转移人口纳入当地住房保障范围，完善随迁子女在当地接受义务教育和参加中高考政策，保障其本人及随迁家属平等享受城镇基本公共服务。支持输入地政府吸纳贫困人口转移就业和落户。为外出务工的贫困人口提供法律援助。

2016年12月2日，人力资源和社会保障部、财政部、国务院扶贫办联合印发了《关于切实做好就业扶贫工作的指导意见》（人社部发〔2016〕119号），明确指出要促进稳定就业，各地要切实维护已就业贫困劳动力劳动权益，指导督促企业与其依法签订并履行劳动合同、参加社会保险、按时足额发放劳动报酬，积极改善劳动条件，加强职业健康保护。

（2）返乡创业

党的十八大报告重点提出：就业是民生之本，要贯彻劳动者自主就业，政府应促进就业、鼓励创业、引导劳动者转变就业观念，鼓励多渠道、多形式就业，促进创业带动就业。农民工返乡创业作为解决农村劳动力就业的重要途径，是党和国家工作的重要议题。转移就业脱贫不仅是一个劳务输出的过程，更是一个返乡创业的过程，只有将两方面结合在一起，才能从第一产业中转移出来，向第二产业、第三产业发展，从而实现脱贫致富。

2015年4月27日，国务院向各省、自治区、直辖市人民政府，国务院各部委、各直属机构印发了《关于进一步做好新形势下就业创业工作的意见》（国发〔2015〕23号），鼓励农村劳动力创业。支持农民工返乡创业，发展农民合作社、家庭农场等新型农业经营主体，落实定向减税和普遍性降费政策。依托现有各类园区等存量资源，整合创建一批农民工返乡创业园，强化财政扶持和金融服务。将农民创业与发展县域经济结合起来，大力发展农产品加工、休闲农业、乡村旅游、农村服务业等劳动密集型产业项目，促进农村一、二、三产业融合。依托基层就业和社会保障服务设施等公共平台，提供创业指导和服务。鼓励各类企业和社会机构利用现有资源，搭建一批农业创业创新示范基地和见习基地，培训一批农民创业创新辅导员。

《中共中央国务院关于打赢脱贫攻坚战的决定》也特别强调要加大对贫困地区农民工返乡创业政策扶持力度。2016年6月13日，人力资源和社会保障部等五个部门联合印发了《关于实施农民工等人员返乡创业培训五年行动计划（2016—2020）的通知》（人社部发〔2016〕90号）。通知提出，以提升农民工等人员创业能力、促进其成功创业为根本目标，以开展符合不同群体实际需求的创业培训为主要抓手，形成创业培训、创业教育、创业考评、试创业、创业帮扶、创业成效第三方评估等六环联动，政府、院校和相关企业合作推进，与精准扶贫、精准脱贫紧密结合，全覆盖、多层次、多样化的创业培训体系，使创业培训总量、结构、内容、模式与经济社会发展和农民工等人员创业需求相适应；到2020年，力争使有创业要求和培训愿望、具备一定创业条件或已创业的农民工等人员都能参加一次创业培训，有效提升创业能力。同时还要开展有针对性的创业培训，针对返乡农民工等人员不同创业阶段的特点、不同性别、不同需求和地域经济特色，开展内容丰富、针对性强的创业培训。

2016 年 12 月 2 日，人力资源和社会保障部印发了《关于切实做好就业扶贫工作的指导意见》(人社部发〔2016〕119 号)，特别强调要鼓励农民工返乡创业、当地能人就地创业、贫困劳动力自主创业，支持发展农村电商、乡村旅游等创业项目，切实落实各项创业扶持政策，优先提供创业服务。

3. 转移就业脱贫的地方实践与成功经验

在中央顶层设计逐步形成过程中，各省、自治区、直辖市根据中共中央的相关政策意见的部署，结合自身实际情况制定具体的实施意见，实施转移就业脱贫。本报告以甘肃省和宁夏回族自治区为例进行解读。

（1）地方政府实践

①劳务输出。甘肃省在劳务输出上，整合培训资源，免费对贫困劳动力开展精准培训，打造提升了"陇原妹""陇原月嫂""陇原巧手"和兰州牛肉拉面等劳务品牌，年培训劳动力 40 万人次左右。在培训对象上，以建档立卡户有需求的劳动力为重点对象，对建档立卡户单独统计，更加体现精准要求。在培训内容上，一是开展短期技能培训。针对农村贫困劳动力缺少生产技术和技能的实际，及时组织开展养殖、种植等各类短期培训。二是开展"两后生"培训。与各类职业院校合作，紧密结合劳动力市场需求，进行有针对性的培训，市场需要什么人才，就培养什么人才，学员缺什么，就教什么。充分利用大数据平台资源，分类精准施政，量身定做"菜单"，更加聚焦岗位需求，更加尊重农民的培训意愿。三是开展妇女培训。省扶贫办和省妇联合作实施了"贫困地区陇原妹家政培训项目"，该项目资金每年 200 万元（2015 年增加到 300 万元，2016 年增加至

800万元），目的就是每年向东部经济发达地区输送"陇原妹"家政服务员，不断推进贫困妇女稳定就业，更快实现精准脱贫。在培训方法上，全程跟进开展职业技能培训鉴定等服务，着力构建一体化服务体系，力争实现培训一人就业一人。

2017年5月12日至13日，在"天津贸易洽谈会"期间，甘肃省人社厅带领兰州、天水等市（州）劳务机构与天津市人社局、重点企业召开座谈会，并签订了《甘肃·天津劳务协作协议》，双方约定：每年举办不少于两次天津专场劳务招聘会，搭建劳动力供求平台，满足天津用工需求。天津市每年到甘肃组织一至两次人才招聘活动，引导一批未就业大中专毕业生到天津市就业。天津市以订单、订岗、定向的方式，对甘肃"两后生"开展职业技能培训教育，对务工人员开展就业技能培训。对在津培训学习的甘肃籍学生，落实相关助学金政策等。

宁夏回族自治区按照市场需求和劳动力意愿，建立政府引导、社会参与、市场运作的培训新模式以及"企业订单、培训机构列单、培训对象选单、政府买单"的新机制，按照"应培尽培"的原则，实现建档立卡户劳动力职业技能培训全覆盖，力争使有培训需求的劳动力至少有1人取得职业资格证书，掌握1~2门就业技能，实现培训一人、就业一人、脱贫一户。针对职业技能培训需求与实际情况组织并开展了一系列工作：对全区建档立卡贫困户中有培训能力和培训愿望的劳动力开展职业技能培训；对建档立卡贫困户没有条件外出务工的劳动力开展实用技能培训；对农村家庭中的"两后生"以及城乡劳动力集中开展职业技能培训和能力提升培训；对致富带头人、扶贫干部以及贫困地区基层干部进行集中培训；等等。2017年，就业技能培训3万人，岗位技能提升培训1万人，创业培训1万人，技师培训500人，固原市劳动力素质提升培训1万人，贫困建档立卡户的富余劳动力机动车驾驶技能培训1万人，精准扶贫职业技能培训 2 万人。这些举措促进城乡劳动者由体力型向技能型、由劳动者向产业工人、由技术工人向技能人才、由创业者向小老板、由脱贫向致富的"五大转变",取得了较好成效。

②权益保护。甘肃省人力资源和社会保障厅认真贯彻"1+17"文件精神和"七个一批"要求,积极构建培训、鉴定、输转、维权为一体的劳动力转移就业机制,努力帮助贫困地区劳动力实现稳定就业、技能致富。目前累计与 16 个省市区签订了劳务合作协议,共设立省外劳务工作站 18 个,不断拓展服务内容,全方位提供培训、鉴定、输转和维权各项服务。全省以原 75 个贫困县区为主,劳务机构在贫困乡镇、贫困村社大规模组织开展了以法律知识、城市生活常识、社会保障等为主要内容的权益保护培训。据不完全统计,在 2017 年"春风行动"期间,对全省 5 万多人进行了劳动维权和法律援助。

宁夏回族自治区为了使外出务工人员安心务工,同时能带动更多的人走出去,成立了专门的"外出务工人员维权服务站"。银川市金凤区的"外出务工人员维权服务站"就是其中之一,服务站从政策咨询、法律服务、职业介绍和解决困难等方面,为外出务工者提供服务和帮助。同时,该服务站还为外地到金凤区辖区内企业打工的务工人员提供同等服务,并在工作中实行"首问责任制",对外出务工人员因劳动争议提请仲裁、诉讼的案件,及时给予法律支持及援助,最大限度地为他们办好事、办实事,做他们的贴心人。

③返乡创业。甘肃省在返乡创业上开展致富带头人培训。按照"先富帮后富、实现共同富裕"的理念,紧扣能力培训、孵化创业和带头增收的环节,在贫困村培训创业带头致富人,主要是贫困农村种养大户、专业合作组负责人、家庭农场经营主、村支"两委"干部等,确保每个致富带头人带动一定数量

的贫困户。2016年培训致富带头人5 999人次，其中省内培训5 686人次，省外培训313人次。2017年以58个连片扶贫县区、17个插花型贫困县建档立卡贫困劳动力为重点对象，全省将培训农民工等返乡创业人员6 000人以上，补贴标准为每人1 300元。通过培训，培养了一批创业能成功、带动有成效的贫困村创业致富带头人，最终能帮助扶贫对象持续增收、稳定脱贫。

宁夏回族自治区政府指导各市、县（区）就业局为自主创业者搭建创业平台，大力支持扶贫创业园区、电商孵化园的建立与完善。对于帮助建档立卡贫困户提高就业技能、吸纳大量建档立卡贫困劳动力、带动贫困劳动力实现就近就业与创业的企业给予一系列的优惠扶持措施与政策，提供创业支持服务与社会保障，促进广大贫困劳动力和返乡精英积极参与创业，广开创业与就业门路，以创业带动就业。例如，固原市创新反担保方式，针对建档立卡户申请创业担保贷款反担保难的实际，推荐由市中小企业信用担保公司提供反担保，有效解决了担保融资难题，为自主创业的贫困户提供资金保障，有助于企业的可持续发展。

（2）地方政府的成功经验

甘肃省在"十二五"期间特别是省第十二次党代表大会以来，省委省政府深入学习贯彻习近平总书记扶贫开发战略思想和视察甘肃省时关于"着力推进扶贫开发，尽快改变贫困地区面貌"的重要指示精神，坚持把脱贫攻坚作为首要政治任务和最大民生工程来抓，把脱贫攻坚统揽入全省经济社会发展大局，精心谋划工作载体和抓手，持续用力，合力攻坚，取得了明显的阶段性成效。经过持续不断的努力，全省贫困人口由2011年末的842万人下降到2016年的227万人（其中2016年减贫69万人），贫困发生率由40.48%下降到10.9%，农村贫困地区农民人均收入由3 329元增加到6 487元，年均增长14.3%，农村贫困地区的群众生产生活条件明显改善，群众的获得感不断增强，近几年来成为甘肃省扶贫开发历史上减少贫困人口最多、贫困群众收入增长最快、农村面貌变化最大的时期，走出了一条具有甘肃特色的精准扶贫精准脱贫路子。

①精准识别转移就业帮扶对象。甘肃省在充分贯彻中央顶层设计的基础上实施了"三大行动"，在工作推进上凸显了"六个精准"，在组织保障上形成了"四大体系"。先后实施了双联行动、"1236"扶贫攻坚行动和"1+17"精准扶贫行动，出台了一系列配套政策措施，强力推动精准扶贫工作。在转移就业脱贫领域，甘肃省贯彻执行"精准"原则，实施了转移就业帮扶对象信息摸底工程。

甘肃省扶贫办为了摸清农村贫困劳动力就业失业基础信息，要求各地劳务机构对未就业的摸清就业意愿和就业服务需求，对已就业的摸清就业地点、就业单位名称和联系方式，并填写农村贫困劳动力就业信息表，经审核后录入扶贫开发信息系统。

同时，甘肃省人社厅在工作中为了精准掌握全省建档立卡贫困人口劳务输转脱贫数量等情况，2016 年下发了《关于对全省建档立卡贫困户劳动力劳务输转摸底调查的通知》《关于对建档立卡贫困人口劳务输转脱贫实行清单式管理的紧急通知》，对全省 13 个市州（嘉峪关除外）进行了一次全面摸底调查，将调查数据录入由人社厅建立的"农村贫困劳动力就业信息平台"，切实掌握农村贫困劳动力就业失业的基本信息，摸清未就业人员的基本需求，掌握已就业人员的工作地点等。

省扶贫办与人社厅的两个系统实现对接、信息共享。这种信息的精确性是建立在"省级劳务办—市（县）级劳务机构—乡（镇）劳务信息专干人员—村（组）劳务信息联络员"这套垂直管理机构的信息摸底、审核和录入动态管理基础之上的。

②拓展劳务转移途径。实施就地转移。甘肃省陇西县根据

本地气候环境条件并依托西北最大的中药材种植、仓储、加工基地和交易、信息、价格形成中心，甘肃中部和南部物资交流、集散的重要场所等自然和区位优势条件，积极开展中药材种植加工、马铃薯、菌菜种植和畜牧养殖等特色产业，引入"现代农业＋劳务"新模式，实现农业产业和劳务产业有机结合。在项目建设期间，陇西中沃现代农业科技股份有限公司与183户带动型贫困户建立带动帮扶关系，争取精准扶贫专项贷款809万元，依托这笔贷款，按照"1+1"带动型产业模式，企业通过一次性向带动型贫困户兑付三年帮扶收益金1万元和1.2万元，向183户贫困户投放基础母牛183头，按照1头基础母牛1年产1头牛犊计算，正常饲养6个月出栏，预计收入8 000元。同时，产业园区建成后，可以提供100多个就业岗位，在这些就业岗位中优先考虑双泉乡建档立卡贫困户，且可享受日工资高10元的政策扶持，按照月工资2 500元计算，精准扶贫户人均年务工创收可达3.36万元。

发展劳务经济。甘肃省秦安县围绕助农增收，在突出抓好林果、商贸流通、文化旅游等产业发展的基础上，大力发展劳务经济，把发展劳务经济作为增加农民收入的重要举措来抓，深入实施"第一步走出去，让秦安人民走遍天下；第二步立住脚，让秦安人民闯天下；第三步返回来，鼓励返乡创业回报家乡"三步走战略，推行"宣传、培训、就业、维权、创业"五位一体的工作模式，走出了一条劳务培训、劳务输转、返乡创业、发展县域经济、加快建成小康社会步伐的劳务产业发展新路子，先后被中国农村劳动力资源开发研究会等三部委授予"农村劳动力资源开发劳务输出工作先进县"，被国家劳动和社会保障部评为"全国劳务输出示范县"，被省人社厅评为"2016年度农民工返乡创业省级示范县"。

创新劳务移民。甘肃省陇西县针对新疆生产建设兵团的易地搬迁移民政策，为建档立卡劳务移民提供便利。陇西县采取兵地联手实施易地搬迁等得力措施，助推脱贫攻坚进程，2017年5月与新疆生产建设兵团某部召开兵地联手助推脱贫攻坚工作会议，县劳务办协同各乡镇及新疆生产建设兵团深入乡镇、农户大力宣传到新疆务工，让贫困户了解劳务移民后在教育、医疗、社会保险以及住房保障等方面的优惠政策，动员各方面力量对先建档立卡贫困户实现易地搬迁，争取早日脱贫。

（3）宁夏回族自治区转移就业脱贫的成功经验

①精准识别农村贫困劳动力，建立动态就业信息监控系统。宁夏回族自治区根据国家人力资源和社会保障部的要求，对建档立卡贫困户的就业信息建立动态信息监控系统，建立精准扶贫的大数据平台。自治区先后于2016年和2017年组织全区各地的人力资源和社会保障部门和公共就业服务机构分别开展了为期1个月的有转移就业意愿的建档立卡贫困劳动力信息采集工作和为期4个月的人社部农村贫困劳动力就业信息平台核实工作，组织地方干部和职工进村入户，逐一摸清建档立卡贫困户劳动力的真实情况以及就业创业的意愿与现状，更新劳动力资源电子档案，确保核实工作的质量与效率。信息摸底工作为精准施策打下了基础，解决了就业创业扶贫"扶持谁"的问题，截至2017年5月底，全区实现核实农村贫困劳动力就业信息共计16.4万条。

②开展职业技能培训，提高劳动者就业能力。宁夏回族自治区于2016年和2017年分别下发了《2016年全区精准脱贫能力培训实施方案》和《2017年全区精准脱贫能力培训实施方案》，结合自治区精准脱贫能力培训的实际，制定针对建档立卡贫困户劳动力和"十二五"、"十三五"移民对象的就业能力培训方案。按照市场需求和劳动力意愿，建立政府引导、社会参与、市场运作的培训新模式以及"企业订单、培训机构列单、

培训对象选单、政府买单"的新机制，按照"应培尽培"的原则，实现建档立卡户劳动力职业技能培训全覆盖。

③加大精准就业帮扶，实现脱贫增收。宁夏回族自治区政府在就业服务帮扶方面力求做到精准，为最大限度地实现农村贫困劳动力的脱贫增收，采取了一系列的措施。自2016年以来，宁夏回族自治区积极与福建、内蒙古、江苏、浙江等省区进行劳务合作对接，分别与福建和内蒙古两省区签订了扶贫劳务合作协议，鼓励福建企业来宁招聘建档立卡户贫困劳动力。2017年，宁夏回族自治区购买3 500个公益性岗位，主要用于农村特困劳动力中通过市场竞争无法实现就业人员的托底帮扶安置。自治区政府大力发展扶贫车间，将企业工厂建立在贫困村中，引导回族农民就地就近转移就业。自治区政府根据贫困劳动力的职业技能状况、就业意向区域、职业岗位愿望、收入心理预期等进行分类建库、分类管理、分类制定就业帮扶措施，真正实现精准施策。

④提供创业扶持，鼓励自主创业。宁夏回族自治区政府指导各市、县（区）就业局为自主创业者搭建创业平台，大力支持扶贫创业园区、电商孵化园的建立与完善。对有创业意愿并具备一定创业能力的建档立卡家庭人员，优先推荐入驻创业孵化园区（基地），优先给予建档立卡贫困户创业培训和创业指导；着力建立创业培训与创业孵化的对接，并且积极参与协调给予场地、税费减免等优惠扶持政策；政府加大农村电商培训力度，支持建档立卡家庭中的大中专毕业生等高素质人才开展网络创业；积极组织专家服务团开展创业指导跟踪服务，帮助贫困家庭的大学生实现创业梦想；建立就业信息动态监控系统，追踪贫困劳动力的创业状况，及时提供服务与保障。与此同时，自治区政府大力鼓励支持广大精英、骨干返乡创业，开展有针对性的创业培训，结合自治区的区位优势和地域经济特色发展

特色产业，给予这部分精英以资金帮扶、项目帮扶、场地提供等帮扶措施，增加返乡创业的企业的发展实力。

4. 转移就业脱贫存在的主要问题

对于农村劳动力转移就业从限制、管理到调控、服务职能的转变是中共中央建立服务型政府的重要转变。不过当前劳动力转移就业脱贫仍面临一些问题，遭遇一些挑战，主要体现在以下几个方面。

（1）转移就业脱贫责任体制有待明确

根据中央的安排，转移就业脱贫的责任主体是各级人力资源和社会保障部门，同时各级扶贫办、妇联等在原有的业务范围内也承担一些劳动力转移就业培训等方面的工作。在实地调查中，一些地方人社部门反馈，当前转移就业培训等方面的工作。在实地调查中，一些地方人社部门反馈，当前转移就业脱贫方面存在责任分工不明、有事权无财权等问题，从而导致部门之间工作协调难度大、合力难以形成等问题。以就业培训为例，参与的部门多，人力资源和社会保障部门承担一部分，扶贫部门承担一部分，妇联、共青团等社会团体也承担一部分，各部门之间的信息共享不够，培训人数、培训内容、培训效果等方面难以总体把握，多头管理、重复培训问题明显。

（2）转移就业脱贫基本底数尚不清晰

由于贫困家庭劳动力外出就业的自发性和自主性较强，导致转移就业基本信息具有非常强的动态性，一直以来，相关责任部门难以掌握贫困劳动力转移就业的真实信息。尽管全国建档立卡信息系统中也对贫困户的家庭劳动力基本情况进行了统计，但是究竟哪些家庭的劳动力有外出就业务工的意愿，有哪些方面的就业意图等，目前尚无明确的信息。尽管人力资源和社会保障部办公厅在 2017 年 1 月 22 日印发《人力资源社会保障部办公厅关于做好农村贫困劳动力就业信息平台有关工作的通知》（人社厅发〔2017〕9号），提出组织建设"农村贫困劳动力就业信息平台"，但是目前该就业信息平台尚处于初步运行阶段，一些基础数据的收集工作尚不完善，与扶贫部门的建档立卡贫困户数据库在贫困户基础数据上还存在一些出入。总体来看，转移就业脱贫基本底数尚不清晰，导致一些帮扶工作很难实现到户到人、精准帮扶。

（3）转移就业脱贫分类施策不够精准

转移就业脱贫基本底数不清，有转移就业意愿的家庭情况较为复杂，这些问题都给提高转移就业脱贫帮扶措施的精准度增加了难度。以民族地区为例，不少民族地区的贫困人口均为少数民族，外出务工对他们来说存在诸多不便，其中首当其冲的就是宗教文化习俗和饮食习俗，因此很多少数民族贫困家庭就算有富余劳动力，也不愿意跨省到外地去务工。针对这些特殊情况，如何因户因人施策，就需要比较精细的设计和考虑。再比如，一些地方由于思想观念相对比较保守落后，很多家庭不让已婚的妇女外出务工，帮助她们就地就近转移就业，同样也需要良好的制度安排和政策设计。就目前情况来看，转移就业脱贫政策设计的精细化程度还远远不够，对农村贫困劳动力的因户因人施策仍处于表面化阶段。相关政策设计和实施部门对贫困人口的培训、就业意愿了解不够，在就业意愿和就业岗位之间的牵线搭桥工作不够，导致贫困人口转移就业的潜力并没有完全释放。

（4）转移就业渠道仍需不断拓展

近几年来，珠三角、长三角等劳动力密集型产业用工需求锐减，导致中西部贫困地区向东部沿海地区的劳务输出面临较大的困难，贫困家庭劳动力转移就业的渠道收窄。与此同时，不少农民工因找不到工作，只能返回输出地，但由于得不到有效的创业扶持，返乡农民工中仅有少数有能力者可以返乡实现自主创业；而对于大多数建档立卡的贫困户来说，由于创业资金短缺、能力不足，所以创业难度大、困难较多。

（5）转移就业脱贫成效考核评估不足

党中央国务院高度重视扶贫成效考核评估，多次强调要实施最严格的考核评估，开展督查巡查，对不严不实、弄虚作假的，要严肃问责。目前，在中共中央办公厅、国务院办公厅印发的《省级党委和政府扶贫开发工作成效考核办法》中，没有对转移就业脱贫的考核内容和指标进行明确界定；从地方实践来看，多数省份在扶贫成效考核中也没有专门对转移就业脱贫成效进行考核评估，专项考核评估更为少见。没有专门的考核评估，就难以了解转移就业脱贫工作的真实完成情况和对贫困人口脱贫的贡献，也难以发现转移就业脱贫工作中的实际问题，为下一步做好转移就业脱贫工作提供决策咨询。

（三）资产收益扶贫

1. 资产收益扶贫的提出背景

党的十八大以来，我国步入全面建成小康社会新阶段。农村和贫困地区成为全面建成小康社会的重点和难点。全面建成小康社会时期，党中央把扶贫开发摆到治国理政的重要位置，提升到事关全面建成小康社会、实现第一个一百年奋斗目标的新高度。伴随我国整体贫困的缓解，容易脱贫的基本都脱贫了，扶贫开发面对的剩余贫困人口多是"贫中之贫、困中之困"，因病因残致贫的比例明显上升，无劳动能力和弱劳动能力的贫困人口占到了较大的比重，这些深度贫困人口是共享发展最难啃的"硬骨头"。随着经济社会的发展，农业比较效益低、农村

"空心化"问题日益凸显,农民面临有资源没资产、有权利没收益的尴尬处境。《中共中央关于全面深化改革若干重大问题的决定》提出,要赋予农民更多财产权利,探索农民增加财产性收入渠道,建立企业、合作社和贫困农户利益联结机制,通过折资入股经营项目等方式,将贫困农民和集体拥有的土地、林地、荒地、水面、房屋、农机等资源要素盘活,提高农村经营的集约化水平和组织化程度,既可以使农民经营主体实现利润最大化,又能增加贫困人口财产性收益。我国经济发展迎来增速换挡、结构调整、动力转化的新常态,经济从高速增长转为中高速增长。经济增长新常态下,经济增长的主体产业(新业态)已较难惠及贫困地区和贫困群体,具有显著益贫特征的农业向规模经营和资金密集发展的趋势增强,劳动力转移脱贫和农业经营增收脱贫的局限性逐步明显。面对新的减贫形势和任务,党的十八大以来,中央对扶贫开发战略做出创新性部署,提出精准扶贫方略,要求各地各部门要进一步解放思想,开拓思路,深化改革,创新机制。《中共中央国务院关于打赢脱贫攻坚战的决定》指出,在不改变用途的情况下,财政专项扶贫资金和其他涉农资金投入设施农业、养殖、光伏、水电、乡村旅游等项目,具备条件的可折股量化给贫困村和贫困农户,尤其是丧失劳动能力的贫困户。

2. 资产收益扶贫的政策设计

(1) 资产收益扶贫的概念

作为一种减贫新方式,学界对资产收益扶贫的概念讨论有限。现有研究主要将资产收益扶贫作为扶持丧失劳动能力等自主创新能力受限的贫困人口。然而,从实践来看,资产收益扶贫的探索以从扶持无劳动能力和弱劳动能力的贫困人口拓展到普通贫困者。在本书中,我们将资产收益扶贫界定为:通过一定的产业合作方式帮助贫困农户通过资产入股、租赁或托管等方式获得资产性收入进而增收脱贫的扶贫方式。这里的"资产"包括贫困村集体的土地、森林、荒山、荒地、矿产资源等集体性资产，贫困户的土地承包权、林权、房屋、圈舍等农户资产，贫困户的土地、森林、荒山、荒地、水面、滩涂等物质资产，以及财政扶贫资金或涉农资金投入设施农业、养殖、光伏、水电、乡村旅游等项目形成的资产。参与资产收益扶贫的主体包括贫困户、贫困村、政府、企业、能人，甚至社会组织等各类主体。资产收益扶贫中各主体的联结形式也各式各样。从实践来看，资产收益扶贫包括"企业＋贫困农户"、"企业＋合作社＋贫困农户"、"合作社＋贫困农户"、"能人＋贫困农户"等主要形式。

（2）资产收益扶贫的政策

①国家资产收益扶贫政策。在国家政策层面，《中共中央关于制定国民经济和社会发展第十三个五年规划的建议》指出："对在贫困地区开发水电、矿产资源占用集体土地的，试行给原住居民集体股权方式进行补偿，探索对贫困人口实行资产收益扶持制度。"这是从中央层面首次出现"资产收益扶贫"。2015年11月颁布的《中共中央国务院关于打赢脱贫攻坚战的决定》将资产收益扶贫作为实施精准扶贫方略、加快贫困人口精准脱贫的重要举措，并进行了详细论述。《中共中央国务院关于打赢脱贫攻坚战的决定》指出："在不改变用途的情况下，财政专项扶贫资金和其他涉农资金投入设施农业、养殖、光伏、水电、乡村旅游等项目形成的资产，具备条件的可折股量化给贫困村和贫困户，尤其是丧失劳动能力的贫困户。资产可由村集体、合作社或其他经营主体统一经营。要强化监督管理，明确资产运营方对财政资金形成资产的保值增值责任，建立健全收益分配机制，确保资产收益及时回馈持股贫困户。支持农民合作社

和其他经营主体通过土地托管、牲畜托养和吸收农民土地经营权入股等方式，带动贫困户增收。贫困地区水电、矿产等资源开发，赋予土地被占用的村集体股权，让贫困人口分享资源开发收益。"2016 年 11 月印发的《国务院关于印发"十三五"脱贫攻坚规划的通知》将资产收益扶贫纳入"产业发展脱贫一批"之中，鼓励和引导贫困户将已确权登记的土地承包经营权入股企业、合作社，家庭农（林）场与新型经营主体形成利益共同体，分享经营收益，提出在贫困地区选择一批项目开展志愿开发资产收益扶贫改革试点，以及实施光伏扶贫工程、水库移民脱贫工程、农村小水电扶贫工程等资产收益扶贫工程。

2016 年 9 月印发的《国务院办公厅关于贫困地区水电矿产资源开发资产收益扶贫改革试点方案的通知》提出在贫困地区选择一批水电、矿产资源开发项目，用 3 年左右时间组织开展资产收益扶贫改革试点。目的在于激活农村集体资产（资源），推动资源开发成果更多惠及贫困人口，增强贫困地区、贫困人口内生动力和发展活力，拓宽贫困人口增收渠道，增加贫困人口收入，建立农村集体经济组织成员特别是建档立卡贫困户精准受益的资产收益扶贫长效机制。2016 年 9 月，国家发展改革委印发《全国"十三五"易地扶贫搬迁规划》，提出要瞄准建档立卡贫困人口，坚持易地搬迁与新型城镇化、农业现代化建设相结合，坚持"挪穷窝"与"换穷业"并举，把探索资产收益扶贫作为建档立卡搬迁人口脱贫发展的重要途径，实施"资产收益脱贫一批"，即探索实施"易地扶贫搬迁配套设施资产变股权、搬迁对象变股民"的资产收益扶贫模式。2017 年 5 月，财政部、农业部、国务院扶贫办联合印发《关于做好财政支农资金支持资产收益扶贫工作的通知》，指出各地积极开展资产收益扶贫，将财政支持产业等方面的涉农投入所形成的资产折股量化给贫困村、贫困户，在推动产业发展和帮助贫困群众增收方面取得一定成效，但也存在一些需要规范的问题。该通知提出，脱贫攻坚期内，在不改变用途的情况下，利用中央和各级财政安排的财政专项扶贫资金和其他涉农资金投入设施农业、养殖、光伏、乡村旅游等项目形成的资产，具备条件的可用于资产收益扶贫；并从立足优势产业选好项目、严格选好实施主体、注重形成物化资产、实施差异化扶持政策、切实保障贫困户收益、适时开展动态管理等方面规范各地使用财政支农资金支持资产收益扶贫工作。

总体来看，资产收益扶贫的政策设计机理在于将贫困地区资源（包括公共自然资源、农户和村集体自有资源）和资金（包括财政专项扶贫资金、涉农资金、贫困户自有资金）进行有效整合，以折股量化形式赋予贫困户一定股份（或股权），再将这些资源和资产投入有扶贫意愿、有发展潜力、带动贫困户就业增收效果较好的龙头企业、农民合作社等新型经营主体，参与生产经营或者直接收益分红，产业发展起来后，有劳动能力的贫困人口还可以到企业从事劳务工作获得工资收入，从而增加资产收益，实现脱贫。这一政策设计机制可用于贫困地区水电扶贫、光伏扶贫、乡村旅游扶贫、易地扶贫搬迁等扶贫领域中。

②地方资产收益扶贫政策。在地方政策层面，广西将资产收益扶贫作为"十三五"脱贫攻坚"十大行动"之一的"贫困户产权收益行动"的重要内容。2016年3月，广西壮族自治区人民政府办公厅印发《脱贫攻坚增加贫困户资产收益实施方案》，提出以稳妥推进农村土地承包经营权、林权使用制度改革为突破口，瞄准全区建档立卡贫困户人口、贫困县和贫困村，探索将自然资源、公共资产、财政专项扶贫资金和其他涉农资金、农户权益资本化和股权化，贫困村、贫困户从中获取资产性收益，为精准脱贫探索新路径。同年4月，广西壮族自治区

扶贫办发布《关于印发〈广西脱贫攻坚探索资产收益扶贫操作指南〉的通知》，详细阐明了资产收益扶贫的概念，资产收益扶贫实施的指导思想、实施条件、实施主体、实施类型、收益分配等，为全区开展资产收益扶贫提供了操作指南。2015年9月，四川印发《四川省财政厅关于印发〈财政支农资产收益扶贫实施办法（试行）〉的通知》，提出将农民专业合作社、农村集体经济组织、龙头企业等作为财政支农项目资产收益扶贫的实施主体，将财政扶贫资金投入实施主体形成的资产，以优先股的形式全部量化给贫困户，并确保贫困户分红底线。2017年5月，贵州省印发《贵州省水电矿产资源开发资产收益扶贫改革试点实施方案》，提出通过探索建立集体股权参与项目分红的资产收益扶贫，促进资源开发与脱贫攻坚结合，促进贫困人口共享资源开发成果。该文件明确了入股主体和受益主体，确定了集体股权设置办法，建立了集体股权收益保障制度和收益分配制度，建立了农村集体经济组织成员权益制度，建立了风险防控机制。另外，河北、山东、山西、湖南、湖北等省份也纷纷出台实施资产收益扶贫政策文件。

（3）资产收益扶贫方式的应用领域

①土地资源收益扶贫。主要是以土地资源作为农户资源，将贫困村集体土地资源、贫困户承包土地资源进行流转，直接取得租金，或者将土地资产量化折算股金，将土地流转给龙头企业、农民合作社、种养大户等新型经营主体发展种植、养殖，使土地资源有效转化为优势产业的发展资源，贫困户成为新型经营主体的股东，以股东身份享受分红，从而增加资产收益和财富，达到脱贫目的。

②旅游收益扶贫。主要是政府整合扶贫政策和旅游部门资源，引进有实力的公司对基础条件成熟的贫困村进行旅游资源整体性开发，将村庄内耕地、林地、农户房屋等进行改造，打

造成旅游景点。贫困户获得的资产收益包括几部分：一是土地、房屋等资源按协议租赁获得收入；二是旅游门票收入，村庄与企业签订协议，每年拿出部分旅游门票收入给贫困户，使贫困人口享受旅游发展带来的红利；三是工资收入，有劳动能力的贫困户可以选择到公司务工，从而获得工资性收入。这种扶贫方式使贫困户享受资源开发收益，有效发挥旅游扶贫项目经济效益、社会效益和生态效益，实现旅游精准扶贫。

③投资收益扶贫。在不改变资金性质的前提下，将各类财政扶贫资金或其他涉农资金股份化并以股份形式分配给贫困户，再投入农业、光伏、水电、乡村旅游等项目，或投入有能力、有扶贫意愿、带动能力强、增收效果好的龙头企业、农民合作社、种养大户等经营主体，贫困户按股分红获得资产收益。这种资产收益扶贫方式一方面有利于提高财政专项扶贫资金或支农资金的帮扶效果，另一方面也有利于拓宽部分由于缺乏劳力和技术或丧失劳力的贫困农户获得较持续稳定的收入。

④金融收益扶贫。主要是充分利用政府扶贫小额信贷政策，金融机构对建档立卡贫困户进行信用评定和评级授信工作，为贫困户提供免担保、免抵押、全贴息贷款，并以此为发展资金，量化入股当地实力较强、信誉较好、市场潜力较大的龙头企业参与经营，享受资产收益稳固性分红，增加贫困农户资产性收入。

3. 资产收益扶贫的地方实践

（1）资产收益扶贫的地方实践

党的十八大以来，特别是中央将资产收益扶贫作为重要脱贫方式以来，各地根据中央对资产收益扶贫的政策设计，积极探索贫困人口资产收益扶持制度，推动产业发展和帮助贫困群众增收方面取得初步成效，形成了丰富的实践形态。四川省实施财政支农资金股权量化改革试点，出台股权量化方案，将财政扶贫资金形成的经营性资产以扶贫股的方式100%量化给贫困户，将财政支农资金形成的经营性资产的30%以优先股的方式量化给建档立卡贫困户（扶持股），30%给村民委员会（优先股），40%给全村村民（一般股），再投入合作组织或龙头企业。投入合作组织或龙头企业的股份，由全体村民委托村民委员会代为管理，合作组织或龙头企业定期向股民公布经营状况、财务执行情况。投入合作组织或龙头企业的股份，按不低于8%的基准额一年一分红。贵州省六盘山以"资源变股权、资金变股金、农民变股民"的思路，整合各种资源要素，探索财政资金入股、推动农民土地承包经营权变股权、将农村集体资源入股等多种资产收益扶贫方式。另外，广西的马山县弄拉村探索了土地、林地承包经营权入股分红资产收益扶贫方式，大新县万礼村浓沙屯探索了农户自有资金入股资产收益扶贫方式。山西易地扶贫搬迁中，引导农户和社会力量发展生态农村，形成休闲度假、家庭种养等五类农庄，移民利用迁出地闲置生产资源入股分红。

（2）资产收益扶贫的典型案例

　　①宁夏宝丰集团"光伏＋枸杞"资产收益扶贫。宁夏回族自治区属于太阳辐射的高能区，是我国太阳能资源最丰富的地区之一，在开发利用太阳能方面具有独特优势。作为光伏扶贫试点重点省区，2015年宁夏开始实施光伏扶贫工程试点项目，制定了系列光伏扶贫地方政策。2015年宁夏印发《关于组织开展2015年度光伏扶贫工程试点工作的通知》，提出在盐池县、同心县、红寺堡区、海原县、原州区、彭阳县、永宁县、贺兰县等国家贫困县开展光伏扶贫试点工作。2016年宁夏回族自治区党委、自治区人民政府印发的《关于力争提前两年实现"两个确保"脱贫目标的意见》中提出实施光伏和电力脱贫行动计

划，强调采取特惠政策、集中资金扶持等方式，选择光照充裕、具备条件的贫困村开展光伏扶贫，建设屋顶（庭院）、养殖圈舍、设施农业等分布式光伏项目，利用荒山、荒坡建设村级集体电站，有效增加贫困村集体收入和家庭资产收益。

宝丰集团是宁夏一家以煤炭生产及加工利用、经营等为主的大型民营企业。宁夏实施光伏扶贫试点后，宝丰集团在银川市红墩子矿区租赁农场荒地 10 万亩，规划投资 170 亿元建设 2G 集中式光伏扶贫项目。项目采用国际领先的斜单轴自动跟踪技术，最大限度保障太阳能直射，同时电站核心部件采用 MPPT 技术，配合自动跟踪技术，项目建成后年均发电量约 30.8 亿度、年均实现净效益 13.2 亿元。在贫困人口受益方面，按照国家"保障建档立卡无劳动能力贫困户（包括残疾人）每年每户增加收入 3 000 元以上"的标准，对全区 8 个县区建档立卡无劳动能力贫困户给予经济补贴，保障其获得稳定、可持续的经济收入。

另外，结合宁夏枸杞种植优势，宝丰集团在 10 万亩光伏扶贫土地上投资 20 亿元种植枸杞，实施产业扶贫项目。项目采取"企业 + 贫困农户"的利益连接方式。枸杞种植前期，宝丰集团负责土地平整、育苗、种植；枸杞种植期间，宝丰集团负责技术指导、施肥、引入黄河水，采取国际最先进的水肥一体化滴灌技术，降低劳动强度和节约水资源成本；在枸杞种植后期，宝丰集团负责枸杞的收购、加工、销售，拓宽枸杞产业产值。参与枸杞产业扶贫的贫困农户只负责日常田间管理和枸杞采摘的雇工投资。可见，枸杞产业的所有固定资产及经营性成本投资均由宝丰集团承担，枸杞产品几近是"零成本"承包给光伏指标 8 个县区的建档立卡具有劳动能力的贫困农户。参与枸杞产业扶贫的贫困农户既是产业工人，即贫困农户不拥有枸杞产业设施的所有权（所有权为宝丰集团），同时也是经营主体，即枸杞丰收采摘后由贫困农户以市场价格定向销售给宝丰集团，并获得收益。按照每户 6 亩、每亩产量 400 斤、每斤 50 元的收购价格估算，10 万亩枸杞产业扶贫项目，将持续解决 1.7 万贫困户约 8 万贫困人口就业，每年为每位贫困人口创收约 2.4 万元、平均每户增收约 12 万元。

宝丰集团"光伏 + 枸杞"资产收益扶贫采取"上方光伏发电、下方枸杞种植"的产业融合发展模式，致力于实现企业盈利与贫困农户稳定脱贫双赢目标。在枸杞产业扶贫中，8 个县区建档立卡有劳动能力贫困农户承担几近"零成本"，获得枸杞直接销售收益。宝丰集团承担枸杞产前、产中、产后的绝大部分投资成本。尽管枸杞收购后可以通过深加工和品牌管理获得较大扩展收益空间，但农产品市场波动与风险也会使得企业在枸杞产业中实现盈利充满不确定性。在光伏、枸杞一体化产业中，宝丰集团可通过较为稳定的光伏发电盈利来补偿枸杞产业发展的成本甚至亏损，以达到产业持续发展目的。

在宝丰集团"光伏 + 枸杞"资产收益扶贫中，不同类型贫困农户从产业中获益途径不同。宁夏 8 个县区建档立卡丧失劳动能力贫困户每户每年获得 3 000 元补贴，实现了收益的稳定和可持续性。8 个县区建档立卡有劳动能力贫困农户则通过枸杞产业中的"资产"使用而获益，即农户负责田间管理和收获季节雇工采摘，以向企业定向销售枸杞方式获得稳定收入、实现脱贫致富。根据农户调研了解到，雇工采摘枸杞成本为 10.2 元 / 斤。按每个贫困户承包 6 亩计算，每亩产 400 斤（有机枸杞）、每斤 50 元，每户销售收入 12 万元。扣除枸杞采摘期间雇工成本 2.448 万元（1 斤枸杞干果的采摘成本为 10.2 元），每户每年可获得收入 9.552 万元。另外，枸杞种植产业化规模发展还可以通过创造大量就业岗位放大其减贫效益。根据调研了解到的情况，按照 10 万亩基地规模估算，除掉前期土地平整、枸杞栽植等非常规性雇工机会，宝丰集团枸杞产业的灌溉、施肥、病虫害防治、修剪、加工、包装等环节提供就业岗位约 9.3 万个，其中灌溉岗位 0.1 万个，施肥岗位 0.1 万个，病虫害防治岗位 0.1 万个，修剪岗位 5 万个，加工环节中的枸杞筛色岗位 1 万个、枸杞筛选（大小）岗位 2 万个，包装工作等岗位 1 万个。这些岗位工作技术含量低，绝大多数可直接由贫困劳动力来完成。

②广西凭祥市边境贸易资产收益扶贫。广西凭祥市与越南谅山接壤，是中国最靠近东盟国家的国际化城市，是广西口岸数量最多、种类最全、规模最大的边境口岸城市，是中国通往越南及东南亚最大和最便捷的陆路通道。由于凭祥市境内多为山地丘陵地貌，耕地少且贫瘠，并且因边境地区国家建设需要大量征地，处于边境线 0—3 公里以内的边民大多是失地农民，又多为少数民族人口，受教育程度普遍较低，贫困问题比较突出。《中华人民共和国海关进口税则》征收进口关税和进口环节税中规定："边民通过互市贸易进口的生活用品（列入边民互市进口商品不予免税清单的除外），每人每日价值在人民币 8 000 元以下的，免征进口关税和进口环节税。超过人民币 8 000 元的，对超出部分按照规定征收进口关税和进口环节税。"广西凭祥市立足边境实际，充分发挥沿边口岸优势，利用好国家赋予边民每人每天交易 8 000 元货物全免关税的优惠政策，将扶贫开发与边民互市贸易相结合，探索边境贸易资产收益扶贫方式。

2014 年 4 月，由广西奥润投资管理有限公司牵头，在政府各部门的倡导和支持下，凭祥市海润边贸专业合作社注册成立。合作社遵循"入社自愿，退社自由"原则，提出"入社即脱贫"口号。合作社起初由 25 人发起，经宣传和发动，卡凤村 11 个自然屯失地农民入社。经过发展，相继成立了英阳分社、平而分社和油隘分社，社员最多时达到 2 300 多人，其中贫困户社员 689 人。目前，该社办公地点在凭祥市弄怀边检站大门前（海润互市商品交易市场内），该社社员分为 76 个互助小组，每组 20 名社员，实行组长负责制（立责任状），由组长带领本组社员前往互市点进行每人每天 8 000 元人民币货值的小额边境互市贸易。合作社经营范围为：组织收购、销售成员及同类生产经营者的产品；农副产品、海产品、水果、木制品加工及销售（以上经营范围具体项目以审批部门批准的为准）；提供货物装卸、货运（具体项目以审批部门批准的为准）、包装、仓储（除有毒危险品）服务及其信息咨询服务等。

凭祥边境贸易资产收益扶贫采取"合作社 + 贫困农户 + 企业 + 政府 + 金融"联结方式。合作社负责与越南方企业洽谈，敲定采购商品的数量、价格等，以小组轮换的方式组织社员出境采购商品，并与贸易方结算货物；农户（包括贫困农户）跟随小组长出境采购，凭借合作社结算中心开出的票据以一人一票形式将货物带回国内，同时也可以参与产品的运输、包装、加工等；企业主要职责是掌握市场信息，以带动和支撑合作社的发展壮大；财政、扶贫、商务等部门主要是引导边民加入合作社并参与互市贸易，编制边民扶贫工作实施方案，争取、统筹安排项目资金，发放贷款贴息，争取协调海关对合作社进行监管与适当倾斜，征收边贸设施有偿使用费给予 30% 的优惠，办理互市证、拼车证等有关证件方面给予优惠等；金融机构发放信贷资金，服务"三农"。

在利益分配上，合作社年终利润分配将 60% 的总利润额作为分红，20% 作为合作社的发展基金，20% 作为合作社管理费用归企业所有。合作社各岗位（如保洁、装卸、运输等）由社员（特别优先贫困户社员）担任，并付给薪酬。在减贫效果方面，参与合作社的贫困农户收益包括以下方面：一是年终的合作社利润分红，收益多少跟合作社的盈利状况相关，获得分红成员须每年出入境达到 20 次以上。合作社运作的第一年，每位社员的分红为 300 元。二是财政扶贫资金贴息获得的资产收益。合作社向银行贷款，政府以每位入社贫困户 5 万元贷款给合作社贴息，贴息收益由贫困户社员获得。如 2015 年政府给合作社 350 万元贷款的贴息（共 70 户贫困户参与，每户 5 万元的贴息，共贴息贷款 350 万元）的受益者均为贫困户，每户获得 4 000 元的贷款贴息的资产性收益。三是贫困户跟随小组组长出入境开展边贸，获得每天 30 元的补贴，以及在合作社从事装卸、运输、保洁、保安等工作得到的工资性收入。

4. 资产收益扶贫的效果与问题

（1）资产收益扶贫的减贫效果

①拓宽了贫困人口的增收渠道。持续增加贫困人口收入是实现稳定脱贫的基础。通过探索资产收益扶贫，大力发展扶贫产业，充分利用好贫困地区自然资源、公共资产（资金），并将此作为贫困户股金投入合作社、龙头企业等新型经营主体，在促进扶贫产业发展壮大的同时，也增加了贫困户资产收益，对于那些具有一定劳动能力的贫困人口而言，还能通过自身劳动获得工资性或经营性收入，从而扩大了家庭增收渠道。多种收入来源为贫困户提供了相对持续的收入，也通过家庭收入结构的优化分散了风险，财产性收入的增加更为缺乏劳动力的贫困户提供了参与乡村发展的机会，使其具备了长期脱贫和发展的保障，真正意义上摆脱贫困。

②促进了贫困地区资源利用。贫困地区虽然经济社会发展滞后，但拥有充足的尚待开发的资源，比如土地资源、水利资源、森林资源、矿产资源、文化资源等，只是这些资源长期处于零碎、分散、沉睡状态。在国家新型城镇化推动下，大量农业人口转移到城镇发展，腾出了大量农村土地资源，使得土地红利潜在优势明显。如果能借助外力适度开发农村潜在资源，

贫困地区资源优势将能有效转化成发展优势。探索开展资产收益扶贫，将农户和集体拥有的土地、林地、水塘、荒山、房屋等资源和资产股份量化后入股龙头企业、合作社、种植大户等新型经营主体发展生产经营活动，有效整合了农村资源，盘活了各种资源要素，形成资源叠加效应，提高了资源利用率。

③提高了财政支农资金使用效率。以往的扶贫方式中，很多地区把扶贫资金直接发放到贫困户手中，或者直接买一些牲畜、家禽、种苗发放给贫困户，虽然也能起到一定效果，但是这只能解燃眉之急，贫困户增收不可持续，一两年之内脱贫的贫困户很容易出现返贫现象，难以实现稳定脱贫。这样的扶贫方式下，扶贫资金投入分散，使用效率不高。资产收益扶贫是在不改变资金使用性质及用途的前提下，将各类财政支农资金及扶贫资金等量化为村集体和农民（包括建档立卡贫困户）持有的股金，集中入股到企业、合作社、家庭农场等经营主体发展生产，这在一定程度上解决了财政支农资金投入分散、瞄准偏差等问题，极大地提高了财政资金的使用效率。一方面，将分散的财政支农资金、扶贫资金整合起来投入具有实力、市场发展潜力好的新型经营主体中去，能更好发挥资金支农效应，为农业发展创造更多经济效益，从而为参与入股的股民提供更多收益；另一方面，新型经营主体通过财政资金转化为生产经营资本，壮大了企业发展实力，提高了预期收益水平，从而可以吸引更多农户自有资金、社会资金、金融资本投入产业发展，无形之中放大了财政支农资金的支持效果。

④增强了新型农业经营主体发展能力。新型经营主体是推动贫困地区农业发展和农民增收的重要力量，但是资金不足一直是困扰合作社等经营主体发展的重要问题。资产收益扶贫通过将财政资金和其他资产转变为新型经营主体的资产，充实了各类经营组织的资本，为其扩大生产规模、引进新型技术、提

高产品质量、延长产业链条提供了必要的支持，有效增强了新型经营主体发展能力，促进其更好带动贫困人口脱贫致富。

⑤提高了贫困户脱贫积极性和主动性。扶贫，不仅仅是经济兜底扶贫，更重要的是思想脱贫和意志脱贫。实施资本收益扶贫，将财政资金、农村公共资源、土地资源等量化为贫困农户的股金，贫困人口成为股东，使贫困农户的利益经由合作社等组织与村庄内其他农户的利益捆绑在一起，唤起他们潜在的主人翁意识，尽心尽力为合作社等组织发展壮大主动承担相应责任，改变等、靠、要的惰性心理，提高脱贫致富积极性和主动性。与此同时，随着贫困户在合作社等组织中权利的不断增长，有利于提升他们与合作社管理层的协商谈判能力，提高对产业发展、分配收益等方面的话语权，从而推动合作社规范经营、规范管理，产出更多经济效益，维护自身股东权利，实现稳定脱贫。

（2）资产收益扶贫面临的问题与挑战

①农户资源资产所参与的产业面临的风险较大。从目前各地探索的资产收益扶贫的实际看，贫困户资金、资源、资产投入的主要是农业、旅游业、边贸产业，其他工业（包括光伏产业、矿产资源采掘与加工、水电开发等）、建筑业及其他第三产业较少涉及。由于农业、旅游业都属于前期投入大、生产周期长的产业，特别是农业极易受自然灾害、市场波动双重影响，加之农村电子商务、物流、农业生产资料供应、农业保险等措施不配套，农业生产成本高、风险大，市场好时，合作社或企业高收益率能够得到保障，倘若进入低谷期，合作社或企业就很难持续带动脱贫。

②农户与新型经营组织利益联结机制不健全。资产收益扶贫最关键是要建立健全企业和贫困户之间的利益联结机制。目前各地资产收益扶贫中形成多种运作模式，如"龙头企业＋农

户"、"龙头企业+农民专业合作社+农户"、"龙头企业+农民专业合作社+村委+农户"等，实际运行过程中取得不错成效。但是也存在与农户利益联结机制不健全的问题，表现在以下方面：一是合作社产权关系不明晰。有些合作社最初个人投资少、成员少，产权清晰，但是随着成员增多，合作社发展扩大，各级各部门的扶持资金增多，股权边界越来越模糊，由此引发合作矛盾，影响成员资产收益。二是合作社或公司的治理结构不健全。一些合作社在发展过程中不注重加强组织建设，股东会议、监事会、董事会等运行不畅，形同虚设，引起股东们不满。有些合作社，农户入股股金少，在组织中往往处于从属地位，贫困户作为股东应有的监督权、管理权、决策建议权等被限制甚至取消，权益很容易受到侵害，比如有些地方出现合作社假借贫困户名义使用扶贫资金而贫困户不知情、不受益情况，还有些合作社利用贫困户名义弄虚作假套取扶贫资金。

③农户与新型经营主体间利益分配机制有待完善。农户与企业、合作社之间的利益分成是开展资产收益扶贫面临的重要问题。从各地实践来看，大部分都是公司、合作社拿到大部分利益分成（10%~80%），农户享受到的利益分成大约为8%。按照股份制企业的相关规定，农户享受的分成比例，应该与其出资占股比例相一致，但实践中，这两者往往不相匹配，不少农户因其在市场中的弱势地位，享受的分成比例低于其占股比例。再有，企业、合作社在得到扶贫资源、资产入股后，产业发展到一定阶段就会产生经济效益，如何公开公平测算产业利润也是一大问题。有些公司、合作社为了多赚取利润，少给股东分红，往往不真实具体地公开公司盈利情况，在利润测算中有意提高生产经营成本，让财务报表上显得利润微薄，然后在此基础上再跟农户利益分成，无形之中减少了农户实际收益。

④入股资金风险防控有待加强。资产收益扶贫具有资金所

有与经营分离、股权持有与经营分离、经营与享有收益分离等特点，涉及的资金包括财政扶贫资金、惠农资金、政府贴息贷款、农户自有资金等，有些合作社、公司筹集到的资金规模较大。经济下行压力大、市场风险加剧情况下，如何确保这些资金安全完整？如何避免借农村产权制度改革和股权量化损公肥私，化国家、集体资金归个人所有？如何避免合作社、企业负责人发展产业过程中卷款潜逃？上述问题需要在资产收益扶贫工作中重点把握并采取有效措施解决，否则将会出现资金流失风险，影响扶贫开发工作推进。

⑤入股资金、资产权属问题有待进一步明确。实施资产收益扶贫之初，将财政专项扶贫资金和其他涉农资金折股量化给贫困户入股新型经营主体用于发展生产，合作到期后，这些财政资金以及使用财政资金产生的资产该如何处置，是归农户、合作社还是政府？贫困户持有的扶贫股可以享受的期限应当如何设定？全部贫困户脱贫后，扶贫股如何转为集体股？这些问题需要进一步明确，否则会给今后脱贫工作留下产权纠纷。

（四）易地搬迁脱贫

1. 国家贫困治理体系中的易地扶贫搬迁

易地扶贫搬迁是农村扶贫开发的重要举措，能够从根本上解决居住在相对偏远、基础设施较为落后、生态环境极度脆弱和自然灾害高发地区的贫困人口的脱贫和发展问题。20世纪80年代初的"三西"（河西、定西、西海固）农业建设计划是易地扶贫搬迁的初步探索，提出了"拉吊庄"的搬迁办法，鼓励农民向河西、河套地区迁移，招民工承包水利工程，以工代赈。在"国家八七扶贫攻坚计划"实施过程中，易地扶贫搬迁被正式列为我国农村扶贫开发的基本途径之一，甘肃、宁夏、广西、湖北、云南等省也出台了相关政策，将易地扶贫搬迁作为解决贫困问题的一种常规手段。在21世纪的第一个十年里，易地扶贫搬迁政策逐步转为一项有整体规划和计划推行的系统工程，明确易地扶贫搬迁具有消除贫困和改善生态双重目标。"十二五"期间，连片特困地区成为扶贫攻坚主战场，易地扶贫搬迁政策得到进一步强化，提出了移民非农安置的新思路。在中央和地方的共同努力下，截至2015年底，全国已累计搬迁1 200万人以上，建设了一大批安置住房、基础设施、教育、卫生、文化等公共服务设施，推动了城镇化进程，产生了良好的经济、社会和生态效益，受到搬迁对象的普遍欢迎。

易地扶贫搬迁工作在"十三五"规划之前已经取得了重大的成就，但依然存在一些问题。一是扶贫目标上出现偏离。部分地区发现搬迁村、组并不是自然条件和社会条件最差的，搬迁户也不是贫困户，贫困户由于缺乏搬迁内在动力，搬不动。在"大水漫灌"后，部分应该搬迁的贫困户未搬，部分搬迁户并未真正脱贫或返贫。二是存在因搬迁负债而难以搬迁或难以脱贫的问题。《全国"十一五"易地扶贫搬迁规划》给出的补助标准为人均不超过5 000元，各省在不超过中央分省人均补助标准的基础上因地制宜确定搬迁项目的具体补助标准，《易地扶贫搬迁"十二五"规划》中人均补助标准上升至6 000元，但补助款对部分搬迁户的作用并不大，农户因搬迁欠债或因家庭情况选择不搬的情况并不少见。三是地方财政压力较大。易地扶贫搬迁是一项解决农户居住安全和生存发展的综合性工程，涉及住房建设、基本农田、水利设施、道路、教育、文化、卫生等设施建设，需要大量的资金，但中央对地方资金的筹措和具体运作并未给出明确的指导，地方在实际操作过程中出现过资金短缺的问题。四是搬迁户后续生计问题。我国耕地、草场等资源有限，贫困地区利用新开发土地、置换土地等落实承包地的方法实现农业安置的空间狭小，以传统农业安置的方式难以满足贫困地区和贫困人口脱贫致富的需要。

"十三五"时期是我国全面建成小康社会的决胜阶段，不能再继续"灌水式""输血式"的传统扶贫模式，2013年底，国家提出了精准扶贫方略，着手对扶贫开发战略进行创新型部署。在精准扶贫背景下，易地扶贫搬迁逐渐成为实现精准扶贫、精准脱贫的重要贫困治理方式。2015年10月通过的《中共中央关于制定国民经济和社会发展第十三个五年规划的建议》提出精准扶贫、精准脱贫、因人因地施策，提高扶贫实效，分类扶持贫困家庭，对"一方水土养不活一方人"的贫困地区实施扶贫搬迁。《全国"十三五"易地扶贫搬迁规划》明确了易地扶贫搬迁的指导思想，并且成为各地推进易地扶贫搬迁工作的行动纲领，从顶层设计上回应了之前工作中存在的问题，并提出了创新性的做法。在该规划的指导下，各地结合本地情况，制定了更为具体的政策条例。

2. 精准扶贫方略下易地扶贫搬迁的顶层设计

"十三五"时期，为坚决打赢脱贫攻坚战，党中央、国务院决定，按照精准扶贫、精准脱贫要求，加快实施易地扶贫搬迁工程，从根本上解决"一方水土养不活一方人"的脱贫发展问题。精准扶贫具体是指"通过对贫困户和贫困村的具体识别、精准帮扶、精准管理和精准考核，引导各类扶贫资源优化配置，实现扶贫到村到户"。中共中央、国务院《关于打赢脱贫攻坚战的决定》提出，到2020年确保农村贫困人口实现脱贫、全面建成小康社会的目标。2011年出台的《中国农村扶贫开发纲要（2011—2020）》提出，"对生存条件恶劣地区扶贫对象实行易地扶贫搬迁。引导其他移民搬迁项目优先在符合条件的贫困地区实施，加强与易地扶贫搬迁项目的衔接，共同促进改善贫困群众的生产生活环境"。2015 年 12 月，国家发改委、国务院扶贫办、财政部、国土资源部、中国人民银行联合印发《"十三五"时期易地扶贫搬迁工作方案》，是新一轮易地扶贫搬迁工作的行动指南，明确了易地扶贫搬迁工作的总体要求、搬迁对象与安置方式、建设内容与补助标准、资金筹措、职责分工、政策保障等。根据《"十三五"时期易地扶贫搬迁工作方案》《全国"十三五"易地扶贫搬迁规划》和国家发展和改革委员会《新时期易地扶贫搬迁政策宣讲解读参考提纲》等系列政策文件，精准扶贫在易地扶贫搬迁中主要体现在以下四个方面。

①精准识别，精准搬迁。为了避免扶贫目标出现偏差、施策不精准的问题，中央强调了对搬迁对象的精准识别。一方面对建档立卡贫困人口"应搬尽搬"，另一方面处理好整村搬迁的随迁户与建档立卡人口的关系，提高搬迁对象精准识别和动态管理水平。搬迁对象是在确定迁出区域之后根据建档立卡情况确定的，迁出区主要有以下几种情形：深山石山、边远高寒、荒漠化和水土流失严重，且水土、光热条件难以满足日常生活生产需要，不具备基本发展条件；国家主体功能区规划中禁止开发或限制开发；交通、水利、电力、通信等基础设施以及教育、医疗卫生等基本公共服务设施十分薄弱，工程措施解决难度大、建设和运行成本高；地方病严重、地质灾害频发以及其他确需实施易地扶贫搬迁的地区。在此基础之上，经国务院扶贫办扶贫开发建档立卡信息系统核实，确定易地扶贫搬迁的人口。

搬迁方式包括自然村整村搬迁和分散搬迁两种，安置方式则综合考虑水土资源条件、城镇化进程、群众意愿等，采取集中安置与分散插花等多种安置方式，因地制宜。集中安置包括行政村内就近安置、建设移民新村安置、小城镇或工业园区安置、乡村旅游区安置、针对特困人员和残疾人等的集中安置。

分散安置主要有当地政府回购空置房屋、配置耕地等方式进行的插花安置以及自主选择进城务工、投靠亲友等其他安置方式。易地扶贫搬迁优先保障建档立卡贫困人口的安置与后续脱贫，确保搬迁一户、脱贫一户。

②资金的精准使用与区域差异化补助政策。易地扶贫搬迁是一项复杂的系统性工程，包括搬迁户住房建设、安置区基础设施建设、迁出区生态建设以及搬迁户脱贫等。为了更好地使用、管理并解决资金问题，中央进一步拓宽了资金来源渠道，并明确了资金投向。中央预算内投资补助资金向集中连片特困和国家扶贫开发工作重点县倾斜，且主要用于搬迁对象建房。另外，中央也要求实施易地扶贫搬迁的省（自治区、直辖市）制定省域内差异化补助标准，建档立卡贫困户住房建设最低补助标准由各省自行确定。

③机制创新与超常规支持扶贫开发政策措施。国土资源部2016年2月17日印发《关于用好用活增减挂钩政策积极支持扶贫开发易地扶贫搬迁工作的通知》，要求用活用好增减挂钩政策，将之作为实施精准扶贫、精准脱贫的有力抓手，促进政策落实落地。在分解下达全国增减挂钩指标时，向脱贫攻坚任务重的省份倾斜，省市县在安排指标时，也要重点支持扶贫开发及易地扶贫搬迁工作。同时，允许节余在省域范围内流转使用，允许相应调整规划规模。

④精准脱贫。"五个一批"是相互支撑、相互补充的，在完成搬迁安置工作后期，要将着眼点和着力点更多地放在搬迁对象创业就业、产业发展、技能培训等方面，突出精准性和可操作性。《"十三五"时期易地扶贫搬迁工作方案》提出要鼓励和引导金融机构通过扶贫小额信贷等方式支持安置区后续产业发展，为符合条件的搬迁对象提供贴息贷款支持。《"十三五"时期易地扶贫搬迁工作政策指引》（第3期）也指出，必须统筹好

搬迁安置与后续发展、稳定脱贫的关系，确保搬迁一户，脱贫一户。各省根据情况细化任务目标，落实扶持政策，组织实施与监督。

3. 易地扶贫搬迁的地方经验

"十二五"以来，四川省搬迁安置 33.74 万农村贫困人口，超额完成国家下达的 25 万人的搬迁任务。2011—2015 年，修筑灌溉渠 510.7 千米、引水渠管 2 688.7 千米、蓄水池（塘、库、堰）41.7 万立方米，安置区通路、通电、通水覆盖率达到100%。同时，四川省还对搬迁人口中的 17.5 万人进行了产业扶持，对其中的 6.5 万人进行了就业技能培训。已核定脱贫 17 万多人，脱贫率达 69.24%。

作为全国扶贫开发攻坚任务最繁重的省份之一，四川省贫困"面宽、量大、程度深"，且在边远地区存在大量"一方水土养不活一方人"的现象。在精准扶贫、精准脱贫的背景下，四川省依据《全国"十三五"易地扶贫搬迁规划》等方针纲领，按照扶持对象精准、扶贫项目精准、资金使用精准、扶贫措施精准、驻村帮扶精准、脱贫成效精准的要求，出台了一系列针对四川省易地扶贫开发攻坚的具体政策。

（1）省级层面的政策设计

①精准搬迁。四川省"十三五"规划确定的迁出范围涉及全省 21 个市（州）144 个县（市、区），共 35 万户 116 万建档立卡贫困人口。搬迁对象主要集中在川东北秦巴山区、川南乌蒙山区、大小凉山彝区和川西北藏区，占搬迁人口总规模的84.55%。规划同时还给出了全省易地扶贫搬迁"十三五"分县计划搬迁规模表，下达并规划了 2016—2019 年每一年度各县（市、区）的搬迁规模。

精准识别搬迁对象的目的之一在于区分易地扶贫搬迁与扶

贫项目，避免政策叠加。四川省按照国家发展改革委等五部门《关于印发"十三五"易地扶贫搬迁工作方案的通知》（发改地区〔2015〕2769号）及相关文件，制定了四川省易地扶贫搬迁自查标准。已经享受农村危旧房改造、地质灾害避险搬迁和工程移民补助的建档立卡贫困户，不能再纳入易地扶贫搬迁范围。

信息数字化是实现对象精准识别和提高动态管理水平的重要手段之一。按照建设户有卡、村有册、乡有簿、县有档、市有卷、省有库的要求，四川省搭建了脱贫攻坚"六有"大数据平台。在"六有"系统内，贫困户的基本信息、致贫原因、"五个一批"属性、家庭收入、生活生产条件等均做了登记。四川省精准识别的116万搬迁人口在国务院扶贫办的建档立卡信息系统和省"六有"大数据平台中都进行了准确的标注。根据《关于建立易地扶贫搬迁对象动态管理机制的通知》，各地建立动态机制，对搬迁规模、搬迁对象进行规范调整。县（市、区）区域内的，在不突破"十三五"期间总体搬迁规模的基础上，由县（市、区）政府负责，动态管理，如需跨县（市、区）变更调整，应按程序上报审批。德阳市在建档立卡精准识别"回头看"之后，在市内平衡了搬迁规模，中江县由原计划搬迁0.074 2万人调整为0.081 1万人，什邡市由原计划搬迁0.008 6万人调整为0.001 7万人。

②住房建设与补助。住房及安置区配套基础设施和公共服务是保障贫困人口搬得出的重要条件，是新时期易地扶贫搬迁工程的重点之一。四川省人均住房建设面积不超过25平方米（国家和省级补助面积可按每人20平方米计算），建设住房总面积603.62万平方米，全省人均24.14平方米。所有安置住房都由县（市、区）住建部门按照"安全、适用、经济"的要求，统一设计多种户型方案，统规自建或统规联建，供农户选择。依托小城镇或工业园区安置的，地方政府可酌情采取回购符合

面积控制标准的城镇商品住房的方式，但不得回购公租房、廉租房等国家已补助投资建设的住房。单人单户安置住房可采取集中建设公寓与幸福院、养老院共建等方式解决，具体建设方式和标准由地方政府结合当地实际确定。高原藏区和大小凉山彝区，按不低于平均建房成本的 80% 给予支持；秦巴山、乌蒙山片区按不低于建房成本的 70% 给予支持；其他地区，按不低于平均建房成本的 60% 给予支持。另外，在确保搬迁户在不举债的前提下，"打四建一"或者"打三建一"，即按承载四层或者三层住房的标准打地基，但当前仅允许建设可供入住的半毛坯房一层，搬迁对象今后根据自身经济条件改善状况和实际能力自主决定是否扩建。

与此同时，实行区域差异化补助。中央预算内资金，高原藏区按人均 1 万元标准补助，其他地区按人均 0.8 万元标准补助。地方政府债务资金，高原藏区人均约 13 300 元（石渠县约 14 600 元），大小凉山彝区人均约 12 000 元，秦巴山区和乌蒙山区人均约 9 180 元，片区外人均约 7 300 元。对通过投亲靠友、自主搬迁、融入城镇化等方式安置的建档立卡贫困户，参照迁出地住房建设资金支持标准给予购房补助。

③资金的使用。易地扶贫搬迁项目涉及大量资金，四川省"十三五"易地扶贫搬迁涉及 116 万建档立卡贫困人口，投资约 700 亿元。四川省易地扶贫搬迁项目的资金主要包括：中央预算内投资、地方政府债务资金、专项建设基金、长期低息贷款和农户自筹资金。其中，中央预算内投资为中央补助资金，用于建档立卡贫困人口住房建设，不得作为项目平台公司的运营资金或承接款项的还贷资金。省财政在中央下达的地方政府债务限额内，采取直接融资方式向四川省国农公司注入易地扶贫搬迁项目资本金。专项建设基金由国家发展和改革委员会根据国务院扶贫办确定的 116 万建档贫困人口规模，一次性下达 58 亿

元易地扶贫搬迁专项基金，再由省国农公司拨付到市（州）和县（市、区），专项建设基金利率为 1.2%。信贷资金定向用于支持建档立卡贫困人口安置建房和安置区基本基础设施、公共服务设施建设，中央财政对纳入易地扶贫搬迁规划的建档立卡贫困人口按人均不超过 3.5 万元搬迁贷款的实际贷款发生额予以贴息 90%，各地根据项目建设进度和实际资金需求向省国农公司申请使用。省级投融资主体向开发银行、农业发展银行融入长期贷款，贷款总额不超过 400 亿元，实行统贷统还。农户自筹建房资金 34.93 亿元，占总投资的 4.99%。建档立卡搬迁贫困户在稳定脱贫前，不得自行贷款或借款扩大住房建设面积。

易地扶贫搬迁信贷资金，要求支持对象精准、贷款资金专款专用。由中国人民银行成都分行牵头，建立了四川省易地扶贫搬迁信贷资金协调机制，指导国家开发银行四川省分行、农业发展银行四川省分行落实信贷资金，制定易地扶贫搬迁贷款管理办法。另外，创新运用货币政策工具和同步跟进"扶贫再贷款精准扶持创业扶贫示范基地""金融支持旅游扶贫示范村""支付惠农示范工程"建设等措施，引导金融机构针对安置户量身定制金融产品和服务方式，加大信贷支持，精准支持安置群众就业创业和安置区完善公共基础设施建设。

④"精确到户"的脱贫发展措施。四川省易地扶贫搬迁统筹考虑水土资源条件、城镇化进程以及搬迁对象意愿，采取集中与分散相结合的安置方式。集中安置点的建设与巴山新居、乌蒙新村、彝家新寨、藏区新居统筹组织实施，按照幸福美丽新村建设标准进行规划建设。川西北高原藏区和大小凉山彝区等地，大多属高寒山区或深山峡谷区，基础设施建设和公共服务配套成本较高，根据资源环境承载能力，尽可能采取集中安置的方式。集中安置细分又包括：行政村内就近安置、建设移民新村安置、依托小城镇安置、依托特色产业园区安置、依托

乡村旅游区安置和针对"五保"对象、残疾智障等需要集中供养的特殊贫困人口建设专门住房的集中安置。分散安置鼓励安置方式创新，引导搬迁对象选择进城务工、投亲靠友等方式安置。

在脱贫措施方面，四川省要求地方依托安置点周边发展条件和发展特点，以及搬迁群众对产业发展、创业就业、技能培训等实际需求，出台精准到户到人的脱贫发展措施，并逐户逐人做好对接，确保搬迁一户，脱贫一户。对于行政村内就近集中安置和建设移民新村的搬迁户，靠发展特色农牧业脱贫一批，采取技能培训、技术服务、信息发布、示范带动等扶持政策措施，引导其面向市场需求，拓展农业多种功能，推进农村一、二、三产业融合发展，确保每个建档立卡搬迁户都有致富产业，每个有劳动力的家庭至少有一人掌握一门劳动技能。对于依托小城镇、特色产业园区和旅游区安置的贫困户，把发展劳务经济作为持续增加收入的主要途径，加强就业指导、劳务培训和输出，引导他们向二、三产业转移。另外，将所有符合条件的易地扶贫搬迁贫困家庭纳入低保范围，做到应保尽保，以社会保障兜底脱贫一批。有条件、有需求的地方可以实施"以粮代赈"。另外，四川省还在积极探索"易地扶贫搬迁配套设施资产变股权、贫困户变股民"的资产收益扶贫模式，以资产收益扶贫的方式脱贫一批。

另外，四川省提出建立"五个一"帮扶力量协调推进工作机制，确保项目安排精准、措施到户精准、因村派人精准和脱贫成效精准。"五个一"工作机制是结合定点扶贫与培养锻炼干部，形成省、市、县、乡、村五级联动，从省、市、县三级抽调了解农村、能力较强的优秀干部，组建驻村帮扶工作组，确保全省 11 501 个贫困村每个村至少"1 名责任领导、1 个帮扶单位、1 名'第一书记'、1 个驻村工作组、1 名驻村农技员"。"五个一"机制也在易地扶贫搬迁工作中得到了广泛的应用，确保搬出群众后续的持续发展问题得到解决。

（2）市县乡村的地方经验

①精准识别搬迁对象。泸州是乌蒙山片区连片扶贫开发和赤水河流域综合开发的重点区域，有叙永、古蔺两个国家级贫困县以及合江这个省级贫困县。泸州市，特别是叙永县，在搬迁对象的精准识别与精准扶贫工作动态管理和痕迹管理方面有许多宝贵经验。

在精准识别搬迁对象方面，泸州市提出"三个精准"：排查核实精准、识别程序精准、对标核对精准。按照"群众申请、民主评议、村级公示、县级审核"原则，对标"4+1+1"界定标准（四个限制区域，一个优先条件，一个身份条件），对易地扶贫搬迁对象进行精准识别，建立县、乡（镇）、村、户四级搬迁对象台账。结合精准脱贫"回头看"，组织县、乡（镇）、村、户四级干部对易地扶贫搬迁对象进行再识别、再核对，对原址重建、超面积建设、重复享受政策等不符合易地扶贫搬迁要求的农户进行及时调出，符合政策的在确保搬迁规模总量不变的情况下，按程序纳入。

叙永县地处乌蒙山集中连片特困地区，是全国扶贫开发工作重点县，是易地扶贫搬迁工作任务最重的市县之一。根据四川省"十三五"规划，叙永县易地扶贫搬迁涉及 7 986 户 30 735 人，其中 2016 年规划 1 439 户 6 623 人，2017 年 24 112 人（第一批 10 000 人，第二批 14 112 人）。优先搬迁受泥石流、滑坡等地质灾害威胁以及 2017 年预脱贫户中住房不安全、无房和 D 级危房的建档立卡贫困人口。安置方式主要包括大集中安置、小集中安置、插花安置和货币安置。

叙永县的档案管理主要在两个方面取得了比较突出的成绩：一是在"户有卡、村有册、乡有簿、县有档、市有卷、省有库"

的基础之上，进一步细化，按照"户有册、村有卷、乡（镇）有柜、县有室"的要求，制定了档案管理参考目录，实行档案电子化管理。二是针对住房建设，建立"六书四表"档案管理体系（"六书"：农户建房申请书、旧房拆除承诺书、宅基地复垦承诺书、建房许可告知书、建房质量与安全保证书、政府购买第三方建设服务协议书；"四表"：农户建房审批表、农户建房质量与安全巡回检查表、农户资金到位情况表、农户住房竣工验收表），对易地扶贫搬迁建前、建中、建后实行"痕迹管理"，形成全过程动态档案管理体系。

在实际操作层面，叙永县搭建了一个由精准扶贫智慧管理平台、住房痕迹化管理系统和监理系统共同组成的全过程管理系统。干部手机上装载有对应的软件，每次到村到户需拍照实时上传，记录工作。负责住房建设的相关部门、施工单位和监理单位也有自己的监理系统，对施工的全过程进行全面的管理，发现问题及时解决。

如前所述，四川省提出了"五个一"的工作机制，确保每个贫困村至少有"1名责任领导、1个帮扶单位、1名'第一书记'、1个驻村工作组、1名驻村农技员"。叙永县增加了"1个帮扶负责人"，变"五个一"为"六个一"。帮扶负责人为村委会或乡（镇）扶贫办工作人员，对贫困户、村或安置点的情况非常熟悉，更好地帮助贫困户理解政策，发展产业，解决生计问题。

叙永县石坝彝族乡堰塘村的精准扶贫精准脱贫帮扶明白卡除了贫困户的基本信息和"六个一"帮扶力量之外，还列出了"对标补短'一户一策'"规划及政策落实表。堰塘村的表不仅做到了一户一策，还具体到了每一户里的不同个人，给他们提供了适当的支持。以堰塘村某易地搬迁贫困户为例，该户是四人户，以务工和种植业为主要增收途径，1人参加技能培训并推荐到贵州外出务工，1 人享受低保兜底，另外还有 2 亩甜橙。其中，外出打工预计年收入 12 000 元，甜橙预计收入 3 000 元，低保每年 2 160 元，这样，家庭预计人均收入达到 4 290 元。另外，明白卡上还列出了家庭纯收入台账，记录了 2016 年 10 月至 2017 年 9 月该户每月的家庭纯收入情况。

②住房建设。住房建设方面，首先统一规划布局，按照"因地制宜、统筹规划、适度集中、整合资源、致富群众"的要求，规划扶贫搬迁，安置东南西北"四大片区"。四大片区包括：南部赤水河特色果业与乌蒙新村相结合扶贫搬迁安置区、中部丹霞地貌旅游带扶贫安置区、东部沿江粮经复合产业扶贫搬迁安置区、北部家庭农庄扶贫搬迁安置区。在四大片区内，按照"四靠近、四不选"（靠近高速公路、靠近重要交通沿线、靠近重点镇、靠近中心村，有地质隐患不选、多数人不满意不选、基础设施配套难不选、发展前景不好不选）的原则，规划集中安置点。分散安置支持 3 户以上小集中安置和相对集中安置，对鳏寡孤独、五保户、无生活自理能力等特殊人群，由村、乡镇集体规划建房，进行安置或集中供养。

其次，在安置点方案设计上，依据突出区域特色和因户施策的原则，由规划部门根据地方实际情况对安置点施工图进行统一设计。落实人均住房建设面积不超过 25 平方米、户均自筹资金不超过 1 万元。在此基础上因地制宜对安置点进行设计。安置点设计一共有 13 套施工图，山区以乌蒙新村建设为核心，融入苗族、彝族特色；丘陵地区结合农村旅游；坝区体现家庭农庄特色。具体到每一户住房，按照 25 平方米、50 平方米、75 平方米、100 平方米、125 平方米、150 平方米六种类型，统一向群众提供 1 人户联建户型、2 人户合用户型、多人户独立户型等居家户型，由村"两委"组织群众对设计图纸进行评定，由群众自主选择。

最后，在建设施工方面，通过多重措施保证项目的精准实施。一是公开遴选具有较好质量安全管理经验和良好信誉的164家讲诚信、有资质的单位，纳入"易地扶贫搬迁企业库"，提供给易地扶贫搬迁实施主体选择；二是对安置项目建设质量全过程监管，实行住房质量终身责任制，除市县住建部门的质量监督小组外，还聘请12家监理机构实行蹲点监理；三是建立全市统一的项目验收流程图，设立16道验收程序，明确责任主体，安排有序。

③资金的筹措与使用。资金方面，泸州市形成了"4+2"的资金保障模式。四项资金指中央预算内投资、地方政府债务资金、专项建设基金、长期贴息贷款。两项自筹资金包括：合江、叙永、古蔺县本级承贷易地扶贫搬迁专项贷款22.6亿元；古蔺县、叙永县经国家发展改革委批准发行的全国第一支易地扶贫搬迁项目收益债20亿元（已发行10亿元）。易地扶贫搬迁债券是一项创新的举措，以增减挂钩项目为依托，通过在资本市场发行债券的形式募集资金，为贫困户建房及后期产业发展提供支持。该债券由泸州市农村开发建设投资公司发行，首期5亿元，中标利率为4.3%。在还本付息上，一方面，古蔺、叙永相关贫困户在搬迁安置过程中会因集中居住腾出部分城乡建设用地指标，这部分指标将与成都市双流区等发达区（市、县）进行土地增减挂钩交易；另一方面，将整合分散的易地扶贫搬迁补助补贴等资金用于还本付息。第二期5亿元，期限10年，由兴泸集团作为差额补偿人和担保人，已于2017年5月发行。

④产业发展与就业支持。生计资源是搬迁农户实现脱贫致富的重要因素，他们搬迁之后所获得的生计资源与搬迁方式密切相关。另外，搬迁人口在安置地的生计重建也与家庭情况和资源结构相关，因此需要针对不同的搬迁人口采取不同的生计发展支持方式。安置方式不同，适宜的生计支持政策也不同。

在产业发展与解决就业问题方面，泸州市主要采取了三个方面的措施：一是以龙头企业推进产业扶贫，实行"企业＋基地＋专业合作社＋贫困户"的模式，引领带动搬迁贫困户发展种养业。二是采取"易地扶贫搬迁＋旅游产业"模式，围绕20个易地扶贫搬迁旅游精品村寨，打造一个自然风光与民族文化特色结合的旅游示范带。三是开发就业岗位和公益性岗位，提供"一站式"就业服务和"订单式"技能培训，提升搬迁群众就业技能，引导搬迁群众以多种方式就业增收。搬迁人口通过种养业（7 814人）、农产品加工业（1 360人）、务工（6 507人）、自主创业（155人）、公益岗位（472人）、资产收益（858人）、社会保障兜底（3 608人）等方式实现了脱贫。

叙永县江门镇高家村有50户需要搬迁，其中31户搬至集中安置点，5户搬至江门古寨，14户分散安置。集中安置点的搬迁户主要依靠两种产业增加收入：一个是高家村科窖养牛场，一个是竹产业。养牛场实行"村资公司＋养牛专业合作社＋贫困户"的发展模式，首批投资来自泸州老窖公司（60万元）、中国电科（174万元）与贫困户产业周转金（21.3万元），共计255.3万元。贫困户可通过向牛场出售草料获得销售收益，产业周转金入股公司获得股权分红，到牛场务工获得工资收入，或者散养肉牛到期牛场回收获得养殖收益。江门镇竹资源丰富，贫困户可以通过种植销售竹子来获得收入，还可以通过务工的方式来获得收入，比如帮其他人砍竹子或者承担竹子运输。还有部分搬迁人口选择外出务工，进入旅游业服务业，等等。另外，江门镇正在建设成品油库项目，项目投产后将提供近100个就业岗位，这些都是今后搬迁人口可能的就业方向。

石坝彝族乡堰塘村将易地扶贫搬迁与新村建设、彝家新寨相结合，将搬迁户的生计问题与全村的发展结合了起来。第一是将28户搬迁户与92户农户共同组成了一个120户核心区，进行彝家特色的仿古民居风貌塑造，改善了全村的人居环境，统筹解决群众饮水、出行、就医、入学等问题。第二是依托海升集团打造的1 000亩高标准甜橙示范基地，发展现代农业。贫困户收益一方面通过"一地四金"（土地流转租金、劳务用工薪金、村资管理公司产业发展基金、政府投入部分折资量化股金）得到保障，另一方面通过企业引领，在苗木、技术、农机、物流、销售等方面增加就业机会与收入渠道。第三是利用彝族文化、赤水河流域自然风光和"石厢子会议"纪念地，打造乡村旅游业，带动贫困户发展商铺、餐饮、民宿、农产品销售等，增加收入。

合江县石堰村张桥集中安置点解决易地扶贫搬迁贫困户9户29人，贫困户的主要增收方式是依托优质晚熟荔枝基地，发展荔枝种植特色农业，以及"林下鸡"生态养殖。除此之外，石堰村在对口帮扶单位住建局的帮助下，积极开展就业培训与劳务输出。石堰村请两溪建筑劳务公司来村展开业务咨询，并通过远程教育与农民夜校的方式对村民进行培训。另外，石堰村还在村委会外的公示栏内张贴合江县扶贫招聘下乡进村活动岗位信息一览表，按月更新，对拓宽贫困户就业渠道起到了积极作用。2017年5月，下乡进村活动岗位约有1 770个，四川某电子科技公司提供了1 000个普通工人岗位，其他企业提供了相当数量的技术工人岗位与销售岗位。

（五）生态扶贫

1. 生态扶贫的政策背景

生态扶贫是生态文明建设与反贫困的有机结合，是经济水平发展落后、生态环境脆弱的地区，利用自身生态优势加速贫困地区经济健康可持续发展的有效途径，是建设生态文明、保护生态发展与实现地方人民脱贫的重要保障。生态扶贫是针对贫困地方面对"发展经济还是保护生态"这一巨大难题探索出的双赢渠道，旨在以生态经济作为理论基础，将第一产业中的农业、林业、牧业与观光旅游业等第三产业紧密结合，从而实现经济发展与生态保护的协调、可持续发展。生态扶贫重点在于传统发展理念的转变，即在过去，贫困地区往往通过引进高污染、高能耗第二产业和带来污染的第三产业来促进当地经济发展，而忽视项目进行过程中对当地生态环境的破坏和对人民健康福祉的威胁，一味追求经济水平的提高而对当地环境和居民带来不可弥补的伤害。生态扶贫在于通过发展可持续、环境友好型的扶贫开发项目，科学合理地充分利用、开发贫困地区的生态资源，从而实现当地经济发展、人民生活水平提高和生态环境保护的高度统一。生态扶贫是建设生态文明的重要体现之一，是关系区域均衡发展、人民健康福祉、民族未来的大计，也是实现中华民族伟大复兴中国梦的重要内容。

党的十八大以来，习近平总书记在一系列生态文明建设和扶贫开发讲话和调研活动中，都对生态扶贫的理念和实施给予高度重视。各省充分贯彻习近平总书记的讲话并结合国家出台的相关政策，根据自身情况，制定了相关的政策，对中央政策进行解读与转化、落实与创新，切实有效地推动生态扶贫。生态扶贫是以往"输血型"扶贫工作模式转变为"造血型"的脱贫减贫模式的重要体现形式，通过积极探寻贫困地区的自身发展特色与优势，创造更多发展机会，既进一步提升贫困人口的自身发展能力，又带动贫困地区和人民的增收致富水平，以期实现真正意义上的健康、可持续发展，但在具体实践过程中也存在一些挑战、困难以及亟待解决的问题。

2. 生态扶贫的顶层设计

《中共中央国务院关于打赢脱贫攻坚战的决定》进一步明确在 2020 年要实现 7 000 万农村贫困人口摆脱贫困的目标，并提出坚持党的领导、夯实组织基础等 6 项基本原则，要牢固树立并切实贯彻"创新、协调、绿色、开放、共享"的发展理念，坚持扶贫开发与生态保护并重，坚持保护生态与绿色发展的基本原则，牢固树立"绿水青山就是金山银山"的理念，把生态保护放在优先位置，扶贫开发不能以牺牲生态为代价，探索生态扶贫的新路子，让贫困人口从生态建设与修复中得到更多实惠。

绿色，象征着生命、希望。绿色发展，是对河流山川、花草树木生命之延替的期盼，更是人类自身对经济社会可持续发展的追求。2013 年 5 月，习近平总书记在中央政治局第六次集体学习时指出，"要正确处理好经济发展同生态环境保护的关系，牢固树立保护生态环境就是保护生产力、改善生态环境就是发展生产力的理念"。这一重要论述，从理论上深刻阐明了生态环境与生产力之间的关系，是对生产力理论的重大发展，倡导尊重自然、谋求人与自然和谐发展的价值理念和发展理念。2015 年 9 月，中共中央、国务院印发了《生态文明体制改革总体方案》（中发〔2015〕12 号），这是自党的十八大报告重点提及生态文明建设内容后，中央全面专题部署生态文明建设的第一个文件。《生态文明体制改革总体方案》要求加快建立系统完整的生态文明制度体系，加快推进生态文明建设，增强生态文明体制改革的系统性、整体性、协同性。《生态文明体制改革总体方案》认为生态文明建设不仅影响经济持续健康发展，也关系政治和社会建设，必须放在突出地位，融入经济建设、政治建设、文化建设、社会建设各方面和全过程。《生态文明体制改革总体方案》要求既要树立尊重自然、顺应自然、保护自然的理念，又要树立发展和保护相统一的理念。既要坚持发展是硬道理的战略思想，又要强调发展必须是绿色发展、循环发展、低碳发展，平衡好发展和保护的关系。既要树立"绿水青山就是金山银山"的理念，又要树立自然价值和自然资本的理念。生态文明体制改革总体方案》提出，自然生态是有价值的，保护自然就是增值自然价值和自然资本的过程，就是保护和发展生产力，就应得到合理回报和经济补偿。《生态文明体制改革总体方案》还提出，既要树立空间均衡理念，又要树立山水林田湖是一个生命共同体的理念，统筹考虑自然生态各要素，维护生态平衡。《生态文明体制改革总体方案》要求，通过构建起一系列自然资源资产产权制度、国土空间开发保护制度、空间规划体系、资源总量管理和全面节约制度、资源有偿使用和生态补偿制度、环境治理体系、环境治理和生态保护市场体系、生态文明绩效评价考核和责任追究制度等八项制度，重点建立产权清晰、多元参与、激励约束并重、系统完整的生态文明制度体系，以推进生态文明领域国家治理体系和治理能力现代化。2015 年 12 月，中共中央办公厅、国务院办公厅印发了《生态环境损害赔偿制度改革试点方案》，确定在吉林、江苏、山东、湖南、重庆、贵州、云南开展生态环境损害赔偿制度改革试点。《生态环境损害赔偿制度改革试点方案》要求通过试点逐步明确生态环境损害赔偿范围、责任主体、索赔主体和解决途径等，形成相应的鉴定评估管理与技术体系、资金保障及运行机制，探索建立生态环境损害的修复和赔偿制度，加快推进生态文明建设。

为进一步贯彻绿色发展理念和推动生态文明建设，2016 年 8 月，习近平主持召开中央深改组第二十七次会议，通过了《关于构建绿色金融体系的指导意见》《重点生态功能区产业准入负面清单编制实施办法》《生态文明建设目标评价考核办法》《关于在部分省份开展生态环境损害赔偿制度改革试点的报告》等一系列文件。2016 年 12 月，中共中央办公厅、国务院办公厅印发《生态文明建设目标评价考核办法》，规范生态文明建设目标评价考核体系，要求考核实行党政同责，地方党委和政府领导成员生态文明建设一岗双责，考查各地区生态文明建设重点目标任务完成情况，强化省级党委和政府生态文明建设的主体责任，督促各地区自觉推进生态文明建设。该办法要求按照绿色发展指标体系实施，主要评估各地区资源利用、环境治理、环境质量、生态保护、增长质量、绿色生活、公众满意程度等方面的变化趋势和动态进展，生成各地区绿色发展指数。

2017 年 5 月 14 日，习近平总书记在"一带一路"国际合作高峰论坛上进一步提出，要"践行绿色发展的新理念，倡导绿色、低碳、循环、可持续的生产生活方式，加强生态环保合作，建设生态文明"，这一生态理念和新发展观将发展与生态两条底线牢牢把握，指导着生态文明的具体实践，如今正逐步成为世界范围内认可的中国经验。狭义上讲，生态扶贫是贯彻落实"创新、协调、绿色、开放、共享"五大发展理念的具体行动，是在总结以往经济发展经验和生态环境教训的基础上，探索出的发展新路径和新模式。广义上讲，生态扶贫是在中央扶贫攻坚和生态文明建设的背景下，将生态与扶贫有机结合的重要战略性思路，是贯彻生态文明建设和精准扶贫战略的必然要求，是建设美丽中国、实现可持续发展和全面建设小康社会的内在要求。

3. 生态扶贫的政策措施

（1）生态扶贫与产业转型

贵州省生态区位重要，境内河流众多，处在长江和珠江两大水系上游交错地带，全省面积的 65.7% 属长江流域、34.3% 属珠江流域，是长江、珠江上游重要的生态屏障区。同时，生态环境脆弱，修复难度很大。石漠化面积、水土流失面积分别占全省面积的 17.2%、31.4%。森林资源质量不高，亩均森林蓄积量约为全国平均水平的 3/4，受威胁植物占全国的 10% 以上。尽管贵州经济发展速度位居全国前列，但总体滞后的局面没有根本改变，人均 GDP 偏低，经济发展面临既要"赶"又要"转"的双重挑战。2015 年的数据显示，贵州省发展方式粗放，经济发展主要依托煤炭、磷矿、铝土矿等资源，煤炭、电力、化工、有色、冶金等重化工业占工业增加值的 60% 以上，能耗强度是全国的 2.15 倍，工业固体废物综合利用率低于全国平均水平。作为生态文明建设的先导者，贵州省一直探索如何牢牢严守发展和生态两条底线，以改革为动力，以推动绿色、循环、低碳发展为基本途径，从而为欠发达地区立足自身优势转变发展方式、实现跨越式发展寻找到一条切实有效的道路，为我国生态文明建设积累经验、提供示范。

2015 年 6 月，习近平总书记在贵州考察指导工作时强调指出，"良好生态环境是人民美好生活的重要组成部分，也是我们发展要实现的重要目标"，要求贵州在生态文明建设体制机制改革方面先行先试。2015 年 11 月，根据中央《生态文明体制改革总体方案》(中发〔2015〕12 号)，贵州省委、省政府为认真贯彻落实习近平总书记系列重要讲话精神和党中央、国务院各项决策部署，印发了《生态文明体制改革实施方案》(发改环资〔2014〕1209 号)。该实施方案提出，作为全国生态文明先行示范区，贵州省有责任按照走在全国前列的要求，大力推动生态文明体制改革，加快推进生态文明先行示范区建设。

为探索资源能源富集、生态环境脆弱、生态区位重要、经济欠发达地区生态文明建设的有效模式，《生态文明体制改革实施方案》要求守住发展和生态两条底线，努力实现经济发展与资源环境相协调，避免走先污染后治理、先破坏后保护的老路。通过大力推行绿色、循环、低碳发展，形成节约资源、保护环境的产业结构和生产方式，提高发展的质量和效益，实现经济跨越发展。该实施方案将构建贵州省城镇化、生态农业、生态安全为中心的生态空间与优化产业结构、推动绿色循环发展相结合，尤其在改造传统工业（如中药材）、发展现代农业（如绿色有机食品）和加快服务业发展（如旅游业）、生态系统修复和保护（如林业）等基础上强调要加强生态系统建设和环境保护，健全完善生态文明制度，加强基础能力建设，打造生态文化体系，以期在2020年贵州省实现绿色崛起，全面完成生态文明先行示范区建设。为进一步推动绿色发展和生态文明建设，2017年4月，作为三个国家生态文明试验区之一的贵州省制定了《贵州省生态文明建设目标评价考核办法》，重点考核各市（州）、贵安新区生态文明建设进展总体情况、国民经济和社会发展规划纲要中确定的资源环境约束性目标以及生态文明建设重大目标任务完成情况，旨在引导地方各级党委和政府形成正确的政绩观。

（2）生态扶贫的具体模式

生态扶贫是基于生态文明建设与精准扶贫战略，以及经济贫困与生态环境关联性及耦合性的机理而提出，是贯彻生态文明建设和精准扶贫战略的必然要求。2015年11月，作为贵州省委、省政府《关于坚决打赢扶贫攻坚战确保同步全面建成小康社会的决定》的配套文件，中共贵州省委办公厅、贵州省人民政府办公厅印发了10个配套相关文件。其中，《关于扶持生产和就业推进精准扶贫的实施意见》（黔党办发〔2015〕40号）立足贵州省农村贫困的现状、原因、特点，结合增收脱贫的现实性、可能性和操作性，将发展生产和就业作为贫困人口增收脱贫的中心任务,以实现 2017 年贫困县农村居民人均收入 8 000 元以上,减贫 300 万人以上的目标。该实施意见提出,要通过大力发展现代山地特色高效农业、推进贫困地区农业结构调整以及发展现代高效农业示范园区等生态农业措施来推动扶贫攻坚;同时要大力加强基础设施配套建设、整合部门涉旅资源、规范乡村旅游开发、实施乡村旅游等生态旅游业来提升扶贫成效。《关于进一步加大扶贫生态移民力度推进精准扶贫的实施意见》要求重点向贵州省 50 个贫困县和三大集中连片特困地区倾斜,向深山区、石山区和生态位置重要、生态环境脆弱地区的贫困村组倾斜,优先搬迁建档立卡的贫困农户。通过对 105 万贫困人口和 37 万生态脆弱区的农户实施生态移民搬迁,来扶持生产和就业,确保移民搬迁后生活逐步超过原有水平,解决"一方水土养不活一方人"的问题。

(六)教育扶贫

1. 教育精准扶贫的提出背景

(1)教育精准扶贫是精准扶贫机制创新下的必然逻辑

"精准"出现于扶贫领域,最早由江毅、姚润丰在 2006 年的《提高扶贫精准度》一文中提出。该文认为,扶贫资金使用不精准,是当前扶贫存在的问题,这也预示着今后扶贫机制需要进一步向精准调整。2010 年,龚春银《农牧区扶贫资金的使用应提高"精准度"》一文中,亦提出资金扶贫使用精准的问题。2014 年 1 月 25 日中共中央办公厅、国务院办公厅发布的《关于创新机制扎实推进农村扶贫开发工作的意见》提出,要深化改革,创新扶贫开发工作机制,建立精准扶贫工作机制。教育扶贫工作方面提出的要求是全面实施教育扶贫工程。教育精准扶贫亦随之在精准扶贫机制创新过程中逐步形成、发展和完善。

（2）教育精准扶贫是改革开放以来教育扶贫本身发展的必然趋势

改革开放以来，中国的教育扶贫政策大致经历了民族教育帮扶阶段、助力义务教育阶段、战略重点阶段、教育扶贫工程阶段和近年来的精准教育扶贫阶段。

近年来，教育扶贫取得了举世公认的成就，以经济资助为例，我国学前教育阶段，从 2011 年秋季学期起，按照地方先行、中央奖补原则，对普惠性幼儿园在园家庭经济困难儿童、孤儿和残疾儿童予以资助，中央财政给予适当奖补。义务教育阶段，从 2009 年起全部免除城乡学生学杂费，对所有农村学生和城市低保家庭学生免费提供教科书，对家庭经济困难寄宿生补助生活费。普通高中教育阶段，从 2010 年秋季学期起，中央与地方政府共同设立国家助学金，资助普通高中在校生中的家庭经济困难学生。目前，约 20% 的普通高中在校生享受资助。中等职业教育阶段，对所有农村学生、涉农专业学生和家庭经济困难学生免除学费，并给予每生每年 2 000 元的国家助学金资助。这一政策已实现集中连片特困地区全覆盖。高等教育阶段，建立国家奖学金、国家励志奖学金、国家助学金、国家助学贷款、勤工助学、学费减免等多种方式并举的资助体系。但不可否认，教育扶贫工程仍然任重道远，需要更多的努力与付出。今后需要在预算分配、资助对象、资助力度等方面更加精准地进行教育扶贫。

（3）教育精准扶贫是实现教育公平的重要手段

教育扶贫是阻断贫困代际传递的根本手段和重要方式，其目的是通过办好贫困地区和贫困人口的教育事业进而实现减贫脱贫的战略目标，其本质体现了社会公平正义的价值追求。这种价值追求表现为教育扶贫所体现的差别正义原则和起点公平理念、权利平等原则和过程公正理念、机会均等原则和结果公正理念等方面；而保障贫困地区和贫困人口的教育权利、教育条件和教育收益等，是实现教育精准扶贫起点公平正义、过程公平正义和结果公平正义的必要前提。教育在扶贫中具有重要的基础性的作用，针对贫困家庭、贫困学生的教育精准扶贫亦是教育公平的体现。

也正因为如此，《中共中央国务院关于打赢脱贫攻坚战的决定》中，教育扶贫被赋予了"阻断贫困代际传递"的使命，其实现路径被描述为"让贫困家庭子女都能接受公平有质量的教育"。教育精准扶贫是实现教育公平的重要手段。

2. 国家对教育精准扶贫的顶层设计

"扶贫先扶智"决定了教育扶贫的基础性地位，"治贫先治愚"决定了教育扶贫的先导性功能，"脱贫防返贫"决定了教育扶贫的根本性作用。联合国教科文组织研究表明，不同层次受教育者提高劳动生产率的水平不同：本科300%、初高中108%、小学43%，人均受教育年限与人均GDP的相关系数为0.562。"积财千万，不如薄技在身"，"一技在手，终身受益"，教育在促进扶贫、防止返贫方面的作用，是根本性的、可持续的。教育在促进扶贫、防止返贫方面的基础性、根本性、可持续性作用也越来越多地被发现和实践。正因为如此，近年来，国家针对教育精准扶贫逐步推出国家顶层设计和综合措施。

《"十三五"脱贫攻坚规划》《教育脱贫攻坚"十三五"规划》《国家教育事业发展"十三五"规划》是对教育精准扶贫的顶层设计。上述规划提出，要全面推进教育精准扶贫、精准脱贫。对接农村贫困人口建档立卡数据库，提高教育扶贫精准度，让贫困家庭子女都能接受公平有质量的教育，阻断贫困代际传递。进一步完善贫困县的教育扶持政策，相关教育项目优先支持贫困县。免除公办普通高中建档立卡等家庭经济困难学生（含非建档立卡的家庭经济困难残疾学生、农村低保家庭学生、农村特困救助供养学生）学杂费，加大对贫困家庭大学生的资助力度。继续对农村和贫困地区学生接受高等教育给予倾斜，让更多困难家庭孩子能够受到良好教育，拥有更多上升通道。

加大职业教育脱贫力度。启动实施职教圆梦行动计划，省级教育行政部门统筹协调国家示范和国家重点中职学校，选择就业好的专业，单列招生计划，针对建档立卡贫困家庭子女招生，确保至少掌握一门实用技能，提升贫困家庭自我发展的"造血"能力。实施中等职业教育协作计划，支持建档立卡贫困家庭初中毕业生到省（区、市）外经济较发达地区接受中等职业教育。

强化教育对口支援。实施教育扶贫结对帮扶行动，推进省内城镇中小学、优质幼儿园对口帮扶农村中小学、幼儿园，实现每一所贫困地区学校都有对口支援学校。鼓励高水平大学尤其是东部高校扩大对口支援中西部高校范围，加强东部职教集团和国家职业教育改革示范校对口帮扶集中连片特困地区职业学校。继续推进定点联系滇西边境山区工作。

（七）健康扶贫

1. 健康扶贫的提出背景

健康扶贫是国家精准扶贫政策体系的重要组成部分，是确保打赢脱贫攻坚战、实现贫困人口稳定脱贫的重要举措。"健康扶贫"旨在通过有效的政策举措回应建档立卡贫困人口的健康需求，保证其看得起病、看得好病，能够维持身心之健康，进而利于个人尊严和潜能的实现。具体而言，健康扶贫涵盖与医疗卫生公共服务设施建设、基层医疗服务机构和医务人员服务能力，以及医疗保障、医疗救助体系建设相关的一揽子政策体系，主要包括：加大卫生资源投入，提升医疗机构的服务水平和服务能力，建立医疗保障机制，让大病患者得到实惠；大力开展健康科普和健康促进工作，提高贫困人口的健康素养；树立以预防为主的疾病防控机制，加强对贫困人口的健康教育等。2015年11月，《中共中央国务院关于打赢脱贫攻坚战的决定》明确提出要实施精准健康扶贫工程，完善全民医保制度，进一步增强防大病、兜底线能力。按照党中央、国务院决策部署，2016年，卫计委、国务院扶贫办等15个部委联合颁发《关于实施健康扶贫工程的指导意见》，构架起健康扶贫脱贫攻坚战的顶层设计。各级政府部门坚持精准扶贫、精准脱贫基本方略，将健康扶贫工作推进与深化医药卫生体制改革紧密结合，针对农村贫困人口因病致贫、因病返贫问题，突出重点地区、重点人群、重点病种，进一步加强统筹协调和资源整合，采取有效措施提升农村贫困人口医疗保障水平和贫困地区医疗卫生服务能力，全面提高农村贫困人口健康水平，为农村贫困人口与全国人民一道迈入全面小康社会提供健康保障。如何打好健康扶贫的攻坚战，促进贫困人口健康权益的实现，是精准扶贫实践中的重大现实问题。

党的十八大以来，在国家健康扶贫顶层设计的指引下，各省根据自身的实际情况对政策进行进一步的细化和调整，使之符合本省的实际，形成省级层面的二次顶层设计，为县域健康扶贫提供了基本的政策框架。而县一级是各项政策具体落地的关键环节，也是各种矛盾和问题展现最为丰富的经验场景，以县为单位对健康扶贫的实践经验、成效、问题与挑战进行总结与分析，有助于进一步研究健康扶贫政策实践所面临的困惑，从而找准政策优化的方法。

2. 国家精准扶贫政策体系中的健康扶贫

健康扶贫在国家精准扶贫政策体系中占据重要位置。基于对建档立卡数据的统计研究发现，因病致贫、因病返贫依然十分突出。通过实施健康扶贫工程，补齐贫困农村医疗公共服务的短板，精准响应贫困农户的健康需求，对于确保打赢脱贫攻坚战具有重要意义。

（1）因病致贫、因病返贫问题依然突出

根据国务院扶贫办建档立卡的数据，截至 2013 年底，我国农村贫困人口中，因病致贫、因病返贫贫困户有 1 256 万户，占贫困户总数的 42.4%。其中，大病患者达到 417 万人，占 4.7%，长期病患达 1 504 万人，占 16.8%。近几年，因病致贫、因病返贫的比例有所增长，从 2013 年的 42.2% 提高到 2015 年的 44.1%，涉及近 2 000 万人，其中大病患者和长期病患者达 734 万人。在各种致贫原因中，因病致贫、因病返贫在各地区都排在前面。罹患疾病，不仅意味着巨大的医疗开支，对家庭的经济情况也会产生显著影响，贫困家庭原本捉襟见肘的家庭经济更加脆弱不堪。可见，因病致贫、因病返贫是制约贫困人口稳定脱贫的重要因素，是当前脱贫攻坚战必须解决的难点问题之一。特别是在一些贫困地区，医疗卫生公共服务十分薄弱，地方病患多发，因病致贫、因病返贫已经成为制约稳定脱贫的主因之一。

（2）贫困地区医疗卫生公共服务体系存在短板

2006 年以来，农村医疗卫生公共服务体系建设取得了较大的进步，新型农村合作医疗制度逐渐建立起来，农村公共卫生服务设施不断完善。但同时应当看到，我国农村贫困地区医疗卫生事业发展状况各项指标仍然普遍落后于全国平均水平。截至 2015 年底，832 个扶贫开发工作重点县，每千人口医疗卫生

机构床位数 3.66 张、每千人口执业医师数 1.28 人，明显低于全国平均水平，医疗卫生资源明显不足，医疗卫生服务能力不能满足群众的需要，一些少数民族地区、边疆地区卫生与健康状况更是令人担忧。可以说，农村地区尤其是贫困地区医疗卫生服务体系建设的短板现象依然十分突出。贫困地区医疗卫生事业发展是全面建成小康社会背景下脱贫攻坚战必须补齐的最突出"短板"。

为此，2016 年颁布实施的《全民健康保障工程建设规划（2016—2020 年）》提出，在脱贫攻坚过程中，要实现到 2020 年每个贫困县至少有 1 所县级公立医院，每个乡镇有 1 所标准化乡镇卫生院，每个行政村有 1 个卫生室，在乡镇卫生院和社区卫生服务中心建立中医综合服务区的目标。确保贫困地区人人享有基本医疗卫生服务，农村贫困人口大病得到及时有效救治保障，个人就医费用负担大幅减轻；贫困地区重大传染病和地方病得到有效控制，基本公共卫生指标接近全国平均水平，人均预期寿命进一步提高，孕产妇死亡率、婴儿死亡率、传染病发病率显著下降；连片特困地区县和国家扶贫开发工作重点县至少有一所医院（含中医院）达到二级医疗机构服务水平，服务条件明显改善，服务能力和可及性显著提升；区域间的医疗卫生资源配置和人民健康水平差距进一步缩小，因病致贫、因病返贫问题得到有效解决。

3. 健康扶贫的顶层设计

中国国家贫困治理体系的一个突出特点是，因应各个时期减贫形势的变动，通过深化改革的办法，破解制约减贫与发展的体制机制障碍，着力补齐各种短板因素。围绕有效回应贫困人口的需求，逐渐形成了"中央统筹、省负总责、市县抓落实"的管理体制。以健康扶贫为例，中央层面的顶层设计明确了健康扶贫的总体目标、各项改革的布局，省级层面则在国家顶层设计的基础上，结合省域实际形成指导性的方案，市县一级着力将国家和省级层面政策设计结合县域工作的实际，形成操作方案，从而形成"三级精准"的政策体系。

（1）十八大以来健康扶贫的顶层设计

党的十八大以来，习近平总书记多次在重要场合就新时期脱贫攻坚战略的推进发表重要讲话，逐渐形成了体系完善的扶贫开发战略思想体系，其中健康扶贫占据重要的位置。总书记强调"没有全民健康，就没有全面小康"，推进健康中国建设是党对人民的郑重承诺，各级党委和政府要把这项重大民心工程摆上重要日程，强化责任担当，狠抓推动落实。2015 年 11 月 27 日，习近平总书记在中央扶贫工作会议上的讲话中，明确指出健康扶贫是"五个一批"扶贫工作中的重要内容，"要加强医疗保险和医疗救助，新型农村合作医疗和大病保险政策要对贫困人口倾斜"。

中央层面高度重视健康扶贫工作的开展。2015 年 12 月，国家发布《中共中央国务院关于打赢脱贫攻坚战的决定》，明确提出"实施健康扶贫工程，保障贫困人口享有基本医疗卫生服务，努力防止因病致贫、因病返贫"。2016 年 9 月，国家卫生计生委等 15 个部委联合发布《关于实施健康扶贫工程的指导意见》（国卫财务发〔2016〕26 号），提出要保障农村贫困人口享有基本医疗卫生服务，助力脱贫目标实现。2017 年 1 月，国家卫生计生委提出针对患病贫困人口，推进"三个一批"，即实施大病集中救治一批、慢病签约服务管理一批、重病兜底保障一批，采取分类分批救治。上述文件体系，构成了健康扶贫工程的顶层设计，明确了推进健康扶贫工作的主要目标、基本任务、保障措施、完成时限等，为各地有效开展健康扶贫工作提供了基本的政策框架。对于应对因病致贫、因病返贫问题，促进贫困人口健康权益实现和自身潜能发挥，确保打赢全面建成小康社会背景下的脱贫攻坚战，具有重要的指导意义。

（2）省级层面的健康扶贫设计

中共中央国务院印发的《中共中央国务院关于打赢脱贫攻坚战的决定》中明确提出，开展医疗保险和医疗救助脱贫，实施健康扶贫工程，有效防止农村贫困人口因病致贫、因病返贫。按照"精准扶贫、精准脱贫"的基本方略，各省卫生计生委会同省扶贫办等部门组织开展全省建档立卡贫困人口"因病致贫、因病返贫"调查工作，为实施健康扶贫工程提供基础数据和决策依据。健康扶贫的政策体系的运行随着行政层级的下降不断细化和丰富，各省市县会根据自身的实际情况对政策进行进一步的细化和调整，使之符合本省的实践规律，并有效落实各项政策部署。这里以湖北省和四川省健康扶贫案例为基础，对健康扶贫的政策体系进行经验方面的总结，进一步呈现健康扶贫对新时期脱贫攻坚战的重要意义，并讨论其基本的政策路径。

根据2014年国家建档立卡调查统计，湖北省因病致贫总人数为189.6万人，占全省590万建档立卡贫困人口的32%以上，其中患病总人数为73.3万人，占因病致贫总人口的38.66%。为了确保健康扶贫工作有效开展，湖北省在国家健康扶贫工程政策体系的基础上，结合本省实际，出台了相关的政策文件，对健康扶贫工作开展的目标进度、组织体系、资金安排、监督考核等内容做了更加详细的界定。2015年，湖北省出台了《湖北省农村医疗保障精准扶贫工作实施意见》，将精准扶贫建档立卡贫困人口、农村最低生活保障家庭成员、农村五保供养对象和农村孤儿纳入医疗保障扶贫对象，要求各地到2019年，农村贫困人口新农合参合率稳定在98%以上，参合医疗保障扶贫对象新农合住院费用平均报销比例较2015年提高20%，降低医疗保障扶贫对象大病保险起付线，提高大病保险报销比例。2016年

10 月，印发了《关于湖北省健康扶贫工程的实施意见》，进一步明确健康扶贫工作要求和落实措施，明确了责任分工和落实办法。2017 年 1 月，印发了《湖北省健康扶贫考核办法》，将健康扶贫工作纳入卫生计生部门目标管理责任制内容，年中、年尾进行督导和考核，并于 3 月份考核了 18 个县，印发了考核通报，以促进健康扶贫工作开展。

四川是全国脱贫攻坚任务较重的省份之一。截至 2016 年底，全省尚有贫困人口 380 万人，贫困村 11 501 个，贫困县 88 个，有扶贫任务的县 160 个。全省 183 个县区中，国家扶贫工作重点县 36 个，省域涵盖集中连片特困地区 3 个，全省贫困发生率 4.3%，因病致贫、因病返贫人口达到 184 万人，占整个贫困人口总数的 48%，患有大病和慢性病人数达到 72.97 万人。针对以上现象，四川省以问题为导向，将"医疗救助扶持一批"作为脱贫攻坚"五个一批"的重要内容，专门出台《四川省医疗卫生计生扶贫专项方案》《四川省脱贫攻坚医疗卫生保障实施方案》。省卫计委又制发了 33 个配套文件，基本织就了完备的健康扶贫政策体系。四川省泸州市根据《四川省委办公厅、四川省人民政府办公厅关于印发 17 个扶贫专项 2016 工作计划的通知》（川委厅〔2016〕9 号）、《中共泸州市委办公室、泸州市人民政府办公室关于印发 18 个扶贫专项 2016 工作计划的通知》（泸委办函〔2016〕38 号）等文件精神，成立工作领导组，制定了医疗卫生扶贫工作计划，确定了工作重点、资金筹措、进度安排，明确了各自职责分工，全力推进扶贫攻坚五大行动，探索一条更加完备的医疗健康扶贫路，防止因病返贫，从而建立健全稳定脱贫长效机制。

概言之，结合中央层面关于"健康扶贫"的总体要求与部署，省级层面的健康扶贫政策体系主要包括三个方面的内容，即：完善医疗卫生公共服务体系，让贫困人口"看得上病"；建立医疗保障体系，让贫困人口"看得起病"；强化人才队伍建设，让贫困人口"看得好病"。此外，围绕提升健康扶贫的精准度，各省纷纷建立了相应的识别体系，以期实现政策供给与健康需求的精准对接。

①服务体系。推进健康扶贫攻坚计划实施，补齐农村贫困地区医疗卫生公共服务的突出"短板"，需要加强整个服务体系建设，提升医疗服务能力，让贫困人口放心就近就医。细言之，服务体系的目标体现在大力实施贫困人群公共卫生保障行动，包括提供各方面的医疗卫生服务。通过医疗卫生服务体系建设，改善贫困地区的医疗卫生条件，从源头上减少病人，保障贫困群体享有基本医疗卫生服务的权利。加强医疗卫生公共服务体系建设，按照"填平补齐"的原则，提高县级医院、乡镇卫生院、村卫生室基本医疗及公共卫生服务水平，进一步健全贫困地区三级医疗卫生公共服务网络，改善服务条件，提升服务能力。

四川省通过免费提供基本公共卫生服务、免费提供妇幼健康服务、免费开展疾病监测与计划免疫、免费实施重大传染病和地方病防治等来健全健康扶贫的服务体系。湖北省在积极推进健康扶贫方面，一方面充分发挥医疗卫生的资源优势，为贫困户提供全面且有重点的医疗服务，阻断"因病致贫、因病返贫"，助力脱贫攻坚；另一方面，加强医疗专业技术队伍的建设，切实提高其业务素质和诊疗水平，为健康扶贫的实施提供人才保障，再次开展群众性的健康教育，引导贫困人口改变不良生活习惯，形成健康生活方式，不断提高贫困人口的健康素养。湖北省宣恩县坚持"保基本、强基层、建机制"的原则，以健康扶贫工程为统领，以卫生项目建设为抓手，通过启动县民族医院整体搬迁工程，实施村卫生室"五化"（即产权公有化、建设标准化、服务规范化、运行信息化、管理一体化）建设，推进乡镇卫生院标准化建设等一系列项目，全县基层医疗卫生机构服务环境明显改善，服务功能不断完善，让农村群众在家门口就能享受到便捷优质的医疗服务。同时，宣恩县还进一步夯实了基层医疗服务基础，基层卫生服务体系日益完善。

②财力保障。落实健康扶贫政策，开展健康扶贫工作，需要有与脱贫攻坚任务相匹配的强大财力保障，需要不断完善资金安排使用机制，精准有效使用，切实将财政资金用到贫困群体身上，将财政资源精准投放到健康扶贫的各个关键领域。

2016年，四川省印发《四川省建档立卡贫困人口医疗保障实施方案》，通过财政补贴的方式，使得建档立卡贫困人口参加城乡居民医保、新农合的个人缴费，实现建档立卡贫困人口全部参保。一方面，对贫困户实施医疗卫生保障"十免四补助"；另一方面，发挥医保对贫困人口医疗费用支付的主体作用。到2020年，确保个人承担合规住院医疗费用比例不超过10%，在县域内住院就医费用基本全免，因病致贫、因病返贫问题得到有效解决。在资金安排上进行规划，保证对政策实行的财力支持，同时发挥专项救助和医药爱心基金对贫困人口医疗费用支付的补充作用，对卫生计生部门组织医疗机构、医药企业募集的"医药爱心基金"给予补助，完善重特大疾病救助制度，为其提供强有力的财力保障。加大投入资金，充实医疗卫生力量，动员和凝聚全社会力量广泛参与，吸引社会资金参与健康扶贫开发，真正将健康扶贫工作任务落到实处，切实打好扶贫攻坚战。

③人才建设。长期以来，我国高质量的医疗资源大多分布在大中型医疗机构，基层医疗机构人员整体素质偏低，资源利用效率不高，造成贫困地区优质卫生资源可及性比较差，已成为健康中国建设中最突出的短板，严重影响到贫困地区的健康扶贫质量。开展健康扶贫工作，需要重视人才培育。在人才引

进和建设上，卫计等部门及基层医疗卫生机构实施"三个一批"，即对优秀人才引进一批、面向大学生招录一批、对在职人员培训一批，培养专业的队伍。通过人才培养，促进县、乡、村三级医疗卫生队伍素质的整体提升，以满足基本医疗卫生保健需要。

调研发现，湖北省和四川省均制定和完善了贫困地区医疗卫生人才引进制度，以四川省泸州市为例，泸州市近年来先后出台《关于补充基层教育卫生事业单位工作人员的通知》《泸州市乡村医生队伍建设实施方案》等，基层卫生事业单位公开考试招聘卫生专业技术人员，2017年三个贫困县引进卫生计生人员575人。通过实施"阳光天使计划"，采取"公开直接考核＋服务期制度＋学费补偿机制"方式招聘，招聘"阳光天使计划"医学类大学生16名。通过人才引进，使其到一线工作，充实了贫困地区的医疗人才队伍，调整了当地医疗队伍的文化层次，为其注入了新的活力。在人才培养方面，不断强化人才培养，开展对乡镇卫生院、村卫生室医疗卫生人员的技能培训和教育，组织贫困县县乡医疗卫生人员到对口支援的二甲以上医院免费进修，免费定向培养乡村医生，以此来提高医疗队伍的能力。在人才建设方面，通过政策倾斜和激励制度对基层卫生人员进行管理和建设。湖北省提出要完善贫困地区医疗卫生人员聘用及职称评审政策，对长期在贫困地区服务的医疗卫生人员在职称晋升、聘用中给予倾斜，四川省指导区县实现以聘用管理和合同管理为基础的乡村卫生计生人员管理一体化。改革乡村医生服务模式和激励机制，落实和完善乡村医生补偿、养老、培养、评选奖励政策。

④健康精准扶贫。开展健康扶贫，首先要做到精准识别，准确掌握贫困人口的家庭状况和病因、病种等基本情况，精准识别健康扶贫底数。积极开展"因病致贫、因病返贫"情况调

查，通过入户调查，完善调查对象基础信息和健康状况，依托镇卫生院和村卫生室，完善基本公共卫生服务信息、建立健全贫困人口健康电子档案和数据库。其次，实施健康扶贫工程，在核准农村贫困人口情况的基础上，建档立卡，开展签约服务，采取不同措施，实施分类救治，区别不同情况，采取"一地一策""一户一个台账"，健康扶贫精准到户、精准到人。总书记多次强调，精准扶贫一定要精准施策，健康扶贫也要因地因人施策、因病救治，精准滴灌、靶向治疗。实施健康扶贫，要加大基层卫生服务体系建设投入，健全基层医疗卫生服务体系，让贫困群众"看得上病"；要建立并完善以基本医疗保障制度为主体、其他形式医疗保险和商业健康保险为补充的多层次医疗保障体系，让贫困群众"看得起病"；要通过增强医疗服务能力、转变医疗服务模式，让贫困群众"看得好病"；要从贫困人口的健康教育抓起，倡导健康的生活方式，让贫困群众"更好防病"。归根究底，通过实施健康扶贫工程，为贫困户提供一张社会安全网，增强其对抗风险的能力，为贫困户解决健康方面的后顾之忧，最终还是为其发展生产助力，提高其自我发展能力。因此，健康扶贫需要建立长效机制，帮助贫困人口解决看病就医等方面的问题，以有效防止因病致贫、因病返贫现象的发生。

4. 健康扶贫的地方经验与现实挑战

（1）运行成效

①基层医疗卫生服务体系建设效果显著。基层医疗卫生服务机构改革是农村医疗保障体系中不可缺少的部分。按照健康扶贫工程顶层设计的总体安排，基层医疗卫生服务机构改革和体系建设的重点在于优化医疗卫生公共服务资源布局，推动分级诊疗，完成贫困地区县、乡、村三级医疗卫生服务网络标准

化建设，实现贫困地区标准化卫生室全覆盖；确保每个村庄都至少有一个驻村的医生，且均为持证上岗；加强基层医疗卫生设施建设，加大对乡村两级卫生院和卫生室的投入，整合卫生资源，调整乡镇卫生院的规模和功能，更新医疗设备器械，为贫困户就医提供一个良好的环境，进一步提高县级医院、乡镇卫生院、村卫生室三级基本医疗及公共卫生服务水平。

四川省泸州市在基层医疗卫生服务体系建设方面取得了突出成绩。泸州市全面开展乡村卫生机构建设，通过乡镇卫生院派驻医务人员等方式，确保村级医疗卫生服务全覆盖。泸州市出台政策增加乡镇卫生院应开展服务项目数，同时支持乡镇卫生院等基层机构配备中医诊疗设备，建设中医药特色诊疗区或中医馆。此外，积极引导卫生人才服务基层，县级卫生计生部门加强统筹安排，组织乡镇卫生院医务人员服务、蹲点村卫生室，加强培训和帮扶指导，尽快提升村医服务水平。2016 年，为全市所有贫困县县级综合医院安排三级医院对口支援，为所有贫困县乡镇中心卫生院安排二级医院对口支援。通过不断强化基层服务体系，逐步形成县中心医院、乡镇卫生院和村卫生室三级卫生服务体系建设，为贫困户看得上病提供了保障。

②贫困人口健康权益得到更好保障。为了使建档立卡的贫困群体能够看得起病、看得好病，会有一些针对他们的特殊政策和特惠支持，包括二次报销、临时救助等。此外，一些地区针对建档立卡贫困户实行"先诊疗后付费"结算服务模式，即贫困患者入院时不需缴纳住院押金，出院时由医疗机构与各类经费保障机构直接结算，有效解决贫困人口垫资压力和费用负担，充分发挥城乡居民基本医保、大病保险、医疗救助等医疗保障和救助政策合力，确保贫困患者得到及时救治。

以四川省为例，四川省泸州市针对建档立卡农村贫困人口实施医疗扶贫"四个 100%"工程，即建档立卡贫困人口全民预防保健 100% 覆盖、基本医疗保险 100% 参保、医疗扶贫商业附加险 100% 参保、应救必救 100% 救助，通过整合各类救助资金和帮扶力量、提高报销比例等方式，实现建档立卡贫困人口县内住院个人"零自付"，助推贫困人口恢复劳动力、脱贫增收，摆脱长期贫困。同时，探索实施门诊"零自付"政策。特别是，针对贫困人口中达不到住院条件又不符合慢病门诊统筹范围的慢性病患者、一般疾病患者就医困难问题，实行全额补助。建档立卡贫困户的普通门诊和慢性病门诊诊治，实现县内门诊个人"零自付"。在调研过程中，多数贫困户都多次提到以前生病大多是能拖则拖，现在"看病基本上不花一分钱"，贫困人群能够看得起病。针对建档立卡贫困户的特惠政策，不仅让特殊困难群众"兜底"更加牢固，而且进一步增强了其自我发展的能力。

③三条保障线（新农合、大病保险、医疗救助）同时运行。就普遍意义而言，健康扶贫医疗保障体系由三个层次的政策构成，分别是新型农村合作医疗、大病保险和医疗救助，这三项政策共同构成一个有层次的整体。新型农村合作医疗制度是农村医疗保障的基本制度安排，新型农村合作医疗的参合率在一定程度上体现了健康扶贫的成效，我国目前新型农村合作医疗制度已经覆盖了 97% 以上的农村居民，建档立卡贫困户新农合的覆盖率达到 100%。如果一个家庭符合大病保险或医疗救助的条件，其"合规费用"会在新农合规定报销比例的基础上提高一定比例。为了使健康扶贫医疗保障体系更为有效和持久，需要进一步加大新农合、大病保险和医疗救助对农村贫困人口的支持力度，在起付线、报销比例、封顶线等方面进一步给予倾斜，提高政策范围内医药费用报销比例。

湖北省着力健全"全民医保"体系，建立与大病保险、医疗救助、商业健康保险等制度的衔接机制，实现"三覆盖、两倾斜、两加大、一窗口",协同互补,形成保障合力。农村贫困人口就医"接力"保障机制初步形成,防大病、兜底线的能力进一步增强,农村居民看病负担大大减轻。但值得注意的是,目前新农合和大病保险的保障水平还有待提高,医疗救助制度兜底线能力还要进一步增强,新农合、大病保险制度与医疗救助之间在对象、程序、标准、信息等方面缺乏有效的衔接机制,政策的合力尚未形成;县级医院治疗大病的能力不强,县域外转诊率高,贫困地区地方病、传染病防治任务依然较重,慢病患者逐年增多导致因病致贫、因病返贫问题比较突出。

（2）现实挑战

①慢性病、大病诊疗问题依然突出。湖北省按照"三个一批"健康扶贫的要求,建立农村贫困人口"因病致贫、因病返贫"管理数据库,对大病和慢性病进行分类救治。通过建立动态管理的电子健康档案和贫困人口健康卡,推动基层医疗卫生机构为农村贫困人口家庭提供基本医疗、公共卫生和健康管理等签约服务。同时完善大病保险政策,对符合条件的农村贫困人口在起付线、报销比例等方面给予重点倾斜;加大医疗救助力度,统筹基本医保、大病保险、医疗救助、商业健康保险等保障措施,实行联动报销;实行贫困人口县域内住院先诊疗后付费和"一站式"即时结算,贫困患者只需在出院时支付自负医疗费用等。四川省免费实施重大传染病和地方病防治,建立贫困人群重大疾病数据库。同时通过镇（村）医生团队网格化管理、"2+1"精准管理、家庭医生签约服务,及时跟踪监控、开展随访服务、加强康复治疗,防止和减缓疾病发生。通过对大病和慢性病实施分类救治,确保贫困人群看得好病。

虽然在政策设计上突出了对大病和慢性疾病的救助,但从实践层面来看,慢性病和大病诊疗问题依然较为突出。主要原因在于以下几个方面:其一,政策宣传不够到位,一些贫困户对于国家健康扶贫的政策并不了解；其二，一些贫困户的就医意愿不强，健康管理观念薄弱；其三，各地贫困户健康档案管理工作推进程度和效果不一，一些贫困户的诊疗需求没有被精确识别；其四，基层医疗卫生服务能力薄弱，特别是乡镇和村一级，与县级医疗机构形成三级联动的体系运转效果并不是很好。

②特殊群体的健康需求支持有待强化。贫困人口健康风险多发，目前的工作主要在补齐基本医疗卫生公共服务短板，让贫困人口看得上病、看得起病、看得好病。在健康扶贫工作推进过程中，普遍性的公共服务供给有了较大的改善，但针对特殊人群的支持仍有待加强。例如，关于女性、儿童，国家分别出台了针对性的健康扶贫政策。但另一些特殊群体，如精神疾患及残疾，需求更具异质性，其健康风险给个人和家庭带来的影响同样需要高度重视，但目前体系回应能力则相对有限。精神疾病一方面给家庭和社会造成了沉重的经济负担，另一方面也给患者及家属带来了较大的精神负担。落实健康扶贫，需进一步完善精神疾病防治体系，加强精神疾病预防和心理干预；同时将重性精神病按规定纳入城乡居民基本医疗保险门诊特殊慢性病病种管理范围，将其纳入重点管理人群，实行家庭医生签约服务，及时跟踪监控，开展随访服务，加强康复治疗，防止和减缓疾病的发生。

残疾人自身劳动力不足，影响其发展能力，应该将残疾人精准康复工作纳入健康扶贫工程实施方案和工作计划，争取和落实相关保障政策，确保农村贫困残疾人普遍享有基本公共卫生服务和基本康复服务，以加强残疾人基本康复服务能力建设，解决其后顾之忧。在医疗康复方面，将符合条件的残疾人医疗康复项目按规定纳入基本医疗保险支付范围；需要长期治疗和康复的，由基层医疗卫生机构在上级医疗机构指导下实施治疗和康复管理。在康复服务方面，强调对贫困地区基层医疗卫生机构医务人员开展康复知识培训，加强县级残疾人康复服务中心建设，提升基层康复服务能力，建立医疗机构与残疾人专业康复机构有效衔接、协调配合的工作机制，为农村贫困残疾人提供精准康复服务。同时，建立残疾儿童康复救助制度，逐步实现视力、听力、言语、智力、肢体残疾儿童和孤独症儿童免费得到手术、辅助器具配置和康复训练等服务。通过将符合条件的残疾人医疗康复项目按规定纳入基本医疗保险支付范围，提高农村贫困残疾人医疗保障水平。这对于加快残疾人小康进程、推动残疾人普遍享有基本医疗和康复服务具有重要意义。

③针对家庭的支持体系建设较为薄弱。家庭作为人类社会最基本和最可持续的单位，既是个体赖以生存发展的基点，也是各种社会政策和公共服务得以落实的主要载体，是推进"健康中国"战略的重要阵地。将促进家庭发展纳入国民经济社会发展的战略体系之内，注重在经济社会发展中维护家庭的功能，确保家庭及其成员的权利，支持家庭及其成员的发展，全面提升发展能力。

在健康扶贫工作的开展中，要尤其注重针对家庭的支持体系建设，增强家庭的持续发展能力。解决因病致贫难题，摸清家底是基础。为彻底摸清因病致贫家底，找准致贫症结，因症施策，需要全覆盖入户调查，从家庭成员基本信息、家庭收入状况、财产状况、家庭健康状况、健康需求等方面分户建立档案，确保情况摸得实、原因找得准。按照"一人一档、一户一册、一村一本"的原则，将贫困群众基本信息、健康行为信息、体检信息整理归档，建立个人健康档案；以户为单位，将家庭成员体检结果、健康指导意见等装订成册，建立家庭健康档案；以村为单位，建立群众体检情况、健康状况台账，形成村级健康档案。四川省通过医疗卫生机构管理信息系统，及时建立统一标准、统一代码的规范化居民电子健康档案，并在乡镇卫生院建立健康档案室，实施常态化管理。四川省叙永县自主研发了"健康叙永"信息查询、统计、监测、分析系统，群众可以通过手机自主查询个人和家庭的健康信息，医疗卫生机构实现公共卫生、医疗服务、医疗保障等信息互联互通，以户为单位的健康扶贫工作更有利于提高个人和家庭的发展能力。这些做法值得其他地区借鉴。

（八）互联网＋

1. 我国"互联网＋精准扶贫"的内涵与原理分析

（1）"互联网＋精准扶贫"的内涵

"互联网＋"代表一种新的经济形态。即充分发挥互联网在生产要素配置中的优化和集成作用，将互联网的创新成果深度融合于经济社会各领域之中，提升实体经济的创新力和生产力，形成更广泛的以互联网为基础设施和实现工具的经济发展新形态。

"互联网＋"与精准扶贫的结合使扶贫工作第一次有机会和条件在更多的领域和更深的层次获得信息和支持。深入探索现实世界的规律，获取过去不可能获取的知识，得到过去无法企及的商机。"互联网＋精准扶贫"就是将互联网的创新成果与扶贫手段相结合，在扶贫工作中达到精准的效果。创新扶贫方式，提高扶贫效率。运用最新的技术做到真扶贫，扶真贫。使更多的社会力量通过互联网这个大数据库参与到扶贫工作中来，从多角度着手扶贫工作，实现扶贫工作的多样性和创造性。为精准扶贫注入新鲜的血液，让扶贫工作保持足够的动力。

（2）"互联网＋精准扶贫"的原理分析

①跨界融合，突破创新。跨界融合是"互联网＋"的一大特

点。将"互联网+"融入到精准扶贫工作中，就是要将精准扶贫工作跨界、变革、开放、重塑融合。精准扶贫工作与其他行业跨界发展，才能实现更好的创新；在跨界的过程中注重合作交流，充分发挥群体智慧，才能突破传统的扶贫手段。在融合中碰撞，在融合中创新。只有这样，精准扶贫的工作才能做到高效和精准。

②重塑精准扶贫的体系结构。信息革命、全球化、互联网业已打破了原有的社会结构、经济结构、地缘结构、文化结构。权力、议事规则、话语权在不断发生变化。"互联网+精准扶贫"的发展也将改变精准扶贫的传统方式，通过互联网技术构建一套完整的网络体系，监督和管理扶贫的效果和成绩。

③引入市场机制。推进"互联网+"模式下的精准扶贫，就是要将市场机制引入到精准扶贫中来，让市场在精准扶贫中起到决定性的作用。政府应该积极制定有利于市场进入的机制，引导市场的发展。在市场机制的模式下提高精准扶贫的效率和力度。实现精准扶贫方式的多样化，为精准扶贫创造更多的资金来源。

2. "互联网+精准扶贫"的机遇和难点分析

目前，我国互联网技术快速发展。"互联网+"开始催化不同产业的发展。"2015减贫与发展高层论坛"提出了"互联网+扶贫"的新路径，表明"互联网+"的扶贫方式开始取代传统的扶贫方式成为新历史时期的主角。

(1) "互联网+精准扶贫"的机遇分析

①传统扶贫效益日益疲软。自中华人民共和国成立以来，我国农村扶贫大致经历了六个历史阶段：计划经济时期救济式扶贫阶段（1949—1997年）、体制改革扶贫阶段（1978—1985年）、大规模开发扶贫阶段（1986—1993年）、扶贫攻坚阶段

（1994—2000 年）、新世纪综合扶贫阶段（2001—2010 年）和新时期精准扶贫阶段（2011 年至今）。长期的扶贫工作取得一定成效，我国的贫困人口数量有所下降。但是在经济新常态下，传统的扶贫开发速度趋缓与扶贫资源边际效益递减现象越来越明显。传统的扶贫方式主要是粗放式的扶贫，并不能从根本上解决贫困户的贫困问题，从而导致在很多地区都出现了返贫困的问题。这些问题的出现归根究底则是我国传统的扶贫依然存在问题，主要表现在几个方面：贫困人口底数不清、具体情况不明、措施针对性不强、扶贫资金和项目指向不准、对相关政策落实变形走样。

②"互联网＋"扶贫模式呈燎原之势。"互联网＋"的普及推广，为传统行业带来无限机遇。目前许多贫困地区已经开始抢抓这一时代先机，推动"互联网＋"与扶贫开发跨界融合，探索"互联网＋精准扶贫"新方式，将互联网思维转化为加快发展、后发赶超、全面小康的不竭动力。不断开辟扶贫新路子、提高扶贫精准度、开创扶贫新局面，已然成为不可阻挡的趋势。根据中国互联网络信息中心（CNNIC）数据，截至 2015 年 6 月，我国网络购物用户规模达到 3.74 亿，较 2014 年底增加 1 249 万人，半年度增长率为 3.5%；我国手机网络购物用户规模增长迅速，达到 2.7 亿人，半年度增长率为 14.5%。这些数据说明，无论是手机还是电脑客户端，电子商务的发展都呈现出欣欣向荣的景象。近年来，很多贫困县都开始抢抓列为全国电子商务进农村示范县、电子商务进农村的有利契机。运用"互联网＋扶贫"的思维，促进电子商务与精准扶贫的深度融合。构建具有地区特色的"互联网＋精准扶贫"新方式，不仅使农村电商"活"起来，更让贫困群众借助电商富起来，取得了良好的社会效应和扶贫效应。在经济新常态的历史时期，"互联网＋"的迅猛发展，为"互联网＋精准扶贫"提供了重要的历史机遇，

但是与此同时，我们也应该注意到"互联网＋精准扶贫"的发展也存在着许多难点急需解决。

（2）"互联网＋精准扶贫"的难点分析

①互联网普及率低。中国互联网络信息中心（CNNIC）的报告显示，截至2015年6月，我国网民规模达6.68亿，互联网普及率为48.8%。其中我国农村网民规模达1.86亿，城镇地区和农村地区的互联网普及率分别为64.2%和30.1%，相差34.1个百分点。从以上数据可知，我国整体的互联网普及率都比较低，农村地区的互联网普及率更低。所以，要以"互联网＋"为思路实现精准扶贫，在全国贫困农村地区实现互联网的全覆盖。政府要发挥好主导作用，加快农村互联网基础设施建设，开展农村互联网知识技能培训，让广大农民享受到互联网带来的便捷，使农民成为网民，具备相应的互联网知识。通过引进网上交易平台，提高农民进入市场的能力，逐步培养团结协作、合作共赢、互联互通的互联网精神，促使农民传统观念发生变化，逐步成为现代民。

②政府资金整合管理机制不完善。我国对于扶贫的资金支持一直都是只增不减。比如，降低贫困县支农再贷款利率，加强再贷款额度调剂，向贫困县发放支农再贷款，引导贫困地区金融机构增加涉农票据贴现，引导贫困县设立贷款风险补偿金、担保基金，出台农村支付环境补助政策等。所以，主要的问题在于，政府部门应该怎样引导贫困户合理规划和运用扶贫资金，提高扶贫资金的使用效率。在利用互联网做加法的新时期，除了传统的线下金融资金支持之外，"互联网＋金融"的创新方式也会吸引大量的社会资金。这就要求政府更加妥善地将社会资金和政府资金相结合，将线下和线上资金相结合。在拓宽资金渠道的同时加强对社会资金的监管，提高社会资金的使用效率，避免出现资金闲置或者去向不明

等情况。

③扶贫大数据系统开发繁琐。实施"互联网＋精准扶贫"，必须建立贫困群众大数据平台。利用大数据和移动互联技术，建立精准扶贫大数据管理平台，构建扶贫工作的建档立卡综合信息服务体系，做到"户有卡、村有册、乡（镇）有档、市县（区、市）有数据库、市县乡村信息平台共建共享"，确保全面、动态掌握贫困底数。这就对扶贫开发提出了艰巨的技术要求：一方面，要构建一套完整的数据系统，必须有强大的技术人员参与；另一方面，要对不同的贫困户进行数据分析，提出有针对性的扶贫政策，则对大数据系统提出了智能化的要求。所以，扶贫开发大数据系统需要耗费巨大的精力。但是只有将这一系统建设完成之后才可能帮助精准扶贫工作更好更快地完成，这也是运用互联网创新精准扶贫所必须面对的问题。

④农村基础设施建设不完善。目前，我国有 14 个片区，592 个贫困县，12.8 万个贫困村，这些地区大多交通不便，基础设施和公共服务条件较差。基础设施建设不完善，交通闭塞，自然就富不起来。很多扶贫项目，都必须有强大的基础设施作支撑。政府修桥造路改善基础设施很关键，不能让农村的特色产品找到了市场，却解决不了物流问题而使销售效果大打折扣。尤其在互联网时代，很多产品引进不再是大工业化生产。分散的、个性化的消费逐渐占据主流，这虽为农村特色商品找到了广阔市场，但也对互联网建设提出了更多要求。应当加快贫困地区交通建设步伐，扶持物流企业在贫困乡村设立快递代办点，鼓励发展面向乡村的"草根物流"，降低物流运营成本。通过网上交易量的增加，倒逼物流业进农村谋发展。在拓展农村市场的同时，带动大众创业万众创新，助推"互联网＋"在精准扶贫方面精准发力。

3."互联网＋"催化精准扶贫新方式

（1）互联网＋金融：解决扶贫资金问题

互联网金融是传统金融行业与互联网精神相结合的新兴领域，互联网金融的发展将从多渠道拓宽精准扶贫资金的来源。传统的金融扶贫主要是通过银行实现的线下贷款扶持。"互联网＋金融"的产生将打破这一传统，实现线下、线上同时发展。对社会服务类项目采取政府引导、贴息支持、政府与社会资本合作（PPP）模式，积极引导更多的社会资金参与"互联网＋精准扶贫"工程建设，从而拓宽精准扶贫的资金来源，解决资金短缺、用途形式呆板等一系列问题。采用互联网金融的模式将金融机构通过互联网与精准扶贫相结合。通过构建互联网平台进行筹集扶贫资金或者吸引投资者进行投资，发展贫困地区的特色文化，帮助贫困地区的经济发展。吸引市场的投资家进入农村，由市场主导特定地区的经济发展，从根本上解决扶贫资金短缺、专项专款使用无效的问题，也在一定程度上保障精准扶贫的落实。

（2）互联网＋企业：为精准扶贫注入新动力

"互联网＋企业"的扶贫模式是指积极和企业合作，发展农村电商。在大部分贫困地区，我们会发现一些奇怪的现象，就是村民大都比较穷，但是家里许多自产的农产品却堆积如山，然后腐烂丢弃。产生这一问题的主要原因，就是双方信号传递的成本太高。因为对于交通不够便捷的贫困地区，要想把这些天然健康的农产品运出去销售，非常困难而且也不划算，所以只好放任其腐烂。然而，在城市里这些天然健康的蔬菜水果却是供不应求。如果将电商发展到农村，由企业和村小组达成购销合同，将这些新鲜的蔬果送到城里人的手中，就可以为贫困的村民创收，同时也可以从根源解决其贫困问题。

（3）互联网＋创业：加速农村经济发展

"互联网＋创业"就是要积极吸引贫困地区的贫困群众创业，充分利用本地的优势，自食其力走出贫困。政府对于适合互联网创业的困难群众，要顺势而为，找准着力点，促使其走向"互联网＋创业"的风口，实现增收。激活贫困群众"网创"的欲求，通过互联网创业带动农村经济的飞速发展。农村的经济发展比较落后，很多方面都存在着巨大的发展前景。政府应该积极鼓励和支持贫困地区创业，并且为贫困的创业人员提供创业保险和资金支持。特别是贫困地区的大学生，政府更应该积极吸引这些人才回乡创业带动农村经济发展。

（4）互联网＋旅游：改致贫因素为致富条件

部分处于大山深处或者保护区内的贫困居民，由于国家的政策限制，不能够实现靠山吃山靠水吃水，最终导致贫困的产生。政府可以积极利用本地区的优势发展旅游产业，通过互联网将乡村的山水大地展示给世界，吸引更多的游客前来观赏度假。通过旅游产业的发展带动本地区的经济发展，将导致村民贫穷的原因转化为致富的条件。

（5）互联网＋医疗：改变就医模式

国家扶贫办的调查数据显示，全国现有的 7 000 多万贫困人口中，因病致贫的占 42%，因灾致贫的占 20%，因学致贫的占 10%，因劳动能力弱致贫的占 8%，其他占 20%。从数据中可以看出，因病致贫是目前致贫原因中最主要的部分。2016 年两会上提出《关于互联网＋医疗助力精准扶贫的建议》提案。从精准扶贫的角度来看，可以利用互联网数据找到真正需要医疗救助的人群。从患者的角度来说，应用互联网，对患者进行公共卫生教育、预防教育。用互联网发现早期疾病，及时劝诱病人进行治疗。大城市的医生不用到村里、乡里，就可以将病人的情况传输到移动终端。

（6）互联网＋管理：提高扶贫工作效率

将互联网与精准扶贫的管理工作相结合，要求运用科学有效的程序对扶贫对象实施精确识别、精确帮扶、精确管理。做到"六个到村到户"：基础设施到村到户、产业扶持到村到户、教育培训到村到户、农村危房改造到村到户、扶贫生态移民到村到户、结对帮扶到村到户。按照"六个精准"的总体要求，紧盯"1+17"精准扶贫方案的具体落实，利用云计算、大数据和"互联网＋"技术，建成五级互联互通的扶贫网络和大数据平台，全方位全过程监管帮扶情况和帮扶成效。⑥通过"互联网＋"实现全球贫困数据共享，贫困施政共享，相互借鉴，相互学习，共同提高。建立大的数据库随时在互联网上更新和追踪贫困户的情况，对于贫困户和帮扶对象之间建立一对一的联系。季末绩效考核时根据大数据进行分析总结，针对不同的贫困户扶贫结果和发展情况进行深入的分析，及时更改贫困户级别。实现高效有序的动态调整，保证扶贫政策的精准无误。

（九）大数据

自国务院印发《促进大数据发展行动纲要》以来，大数据信息集成及处理应用已逐渐发展成为国家现代化治理体系的基础性战略资源，体现在贫困治理领域，尤其是在当前的脱贫攻坚战倒排工期的关键时期，更需要应用大数据思维和技术对扶贫开发资源进行高效整合。

1. 大数据精准扶贫的现实需求

信息技术与经济社会的交汇融合引发了数据迅猛增长，大数据信息集成及处理应用已逐渐发展成为国家现代化治理体系的基础性战略资源，特别是随着互联网技术的急剧发展和广泛普及，坚持创新驱动发展，加快大数据部署，深化大数据应用，已成为推动政府治理能力现代化的内在需要和必然选择。信息化、数字化同样是推动社会治理规范化、科学化发展的重要方向，体现在贫困治理领域，尤其是在当前的脱贫攻坚战倒排工期的关键时期，更需要高效整合扶贫开发资源，从精准扶贫宏观政策设计到精准脱贫目标达成的整个脱贫攻坚过程，都需要应用大数据思维和技术进行扶贫开发工作调整。有学者梳理精准扶贫战略形成过程后指出："从贫困县、贫困村等区域扶贫开发探索逐步发展到以贫困人口为扶贫瞄准对象，中国特色的扶贫开发道路是在建设中国特色社会主义制度不同发展阶段背景下进行的扶贫开发战略谋划，精准扶贫战略正是在扶贫开发基础上的政策调整，是打赢脱贫攻坚战的有效保障"。随着对精准扶贫的进一步阐释与发展，精准机制的要求更为具体细致，大数据技术因其数据化、网格化与动态化等特点与精准扶贫的机制要求相契合。自国务院 2015 年 9 月印发《促进大数据发展行动纲要》以来，通过应用大数据扶贫成为了实现精准脱贫目标的可行路径之一。在 2015 年中共中央政治局会议上，习近平总书记就精准扶贫做出了进一步的阐释，提出以数据目标诠释精准扶贫开发理念，充分发挥数据精准定位、开放共享、守护民生的应用价值。此后，2015 年 9 月，甘肃省被列为国家扶贫办全国大数据平台建设试点地区，在全国率先开始探索建设精准扶贫大数据管理平台。大数据技术开始在精准扶贫的各个领域开展试点。贵州、四川、广东、广西等地相继开始将大数据技术应用于贫困治理之中，结合当地实际情况进行技术升级与系统设施普及，探索适合区域发展的脱贫突破口，并依托云平台与数据管理系统对扶贫动态管理体系与评估标准进行进一步完善，不断强化大数据扶贫信息平台的综合分析能力、动态监管能力，加强与相关行业部门信息数据的互联互通和共享共融，构建"大数据"精准扶贫应用平台。有学者指出大数据在公共管理变革中呈现出强大的功能:"大数据推动公共管理的变革并不是因为大数据提供了数据服务,而是因为大数据带来管理思维的变革、管理结构的变革、管理边界的进一步明晰,以及公共管理对象的变化和管理效能的重大变化。大数据技术的运用和相应的大数据服务,使公共管理彻底革新"。虽然互联网技术在扶贫领域内已有初步应用,但是并没有建立全国或区域性的精准扶贫大数据共享平台,大数据技术在精准扶贫领域的效能亟需有效开发。因此,在贫困问题更加复杂、致贫原因更为多元综合、脱贫任务更为艰巨、扶贫手段亟需更新等新时期的扶贫开发新形势下,为了缓解严峻的扶贫形势并有效解决我国的贫困问题,为大数据技术在扶贫开发领域的全面应用搭建坚实的现实基础与制度环境,从而在最大程度上发掘大数据技术在精准扶贫工作中的应用价值,实现大数据精准扶贫的技术普及和推广应用,提高扶贫开发工作效率,为顺利完成脱贫攻坚战的目标任务奠定基础性技术保障。这不仅仅是当前精准扶贫工作实践亟待解决的现实问题,也是学术界进行贫困理论研究的重要发展方向。

2. 大数据与精准扶贫的契合分析

(1)大数据技术有利于构建区域联网的贫困信息库

2014年印发的《建立精准扶贫工作机制实施方案》将精准扶贫工作的"信息化建设"提升到新的高度,"国务院扶贫办制定和组织实施全国扶贫开发信息化建设规划和建设方案,制订标准规范,整合原有信息系统,建设统一的应用软件系统。"协调统一的网络化平台将会成为精准扶贫的重要信息保障。以广西为例,当地政府依托电子政务数据资源,充分利用人口基础信息库、自然资源和空间地理基础信息库以及经济信息资源库等基础信息资源，采集税务、金融、民政、社会保障、城乡建设等扶贫业务相关领域信息，通过云计算、云储存、云管理等现代化信息处理手段将扶贫信息加以数据化，建设统一的扶贫数据信息资源库。同时完善制定扶贫数据资源管理办法，确定扶贫业务部门之间的数据共享范围，统一扶贫数据的交换标准，实现扶贫信息的区域共享，为扶贫工作的进一步深化提供数据决策支持。

（2）大数据技术有利于强化贫困问题的科学分析

精确挖掘数据资源是进行科学化分析的首要前提，运用统计分析方法建立数理模型对多样化的扶贫信息加以集成融合，从而归纳出数据资料的整体关联性和内在规律性。首先，依据数理模型的输出数据以了解贫困者的生产生活状况和技能掌握程度，进而研究预测贫困者的行为方式、价值判断以及导致其发展状态受阻或贫困状况加剧的致贫原因。应用大数据技术对精准识别后的贫困人口进行分类，分析梳理出不同类型的致贫原因，从而可以更为有效地进行精准帮扶，也有利于社会力量更有针对性和选择性地进行精准帮扶。其次，通过动态监测全方位跟进扶贫进程，不断加强数据分析以满足贫困者的动态需求，提高资源配置效率。以往的扶贫开发工作之所以成效不显著，除了精准识别贫困人口存在误差之外，没有建立贫困动态管理和退出机制也是一个重要的原因。而通过大数据技术应用到精准扶贫动态管理体系中去，对于已经脱贫的贫困人口进行动态退出和返贫的贫困人口及时给予精准帮扶，就能够建立起长效持续的动态脱贫管理机制，避免出现"富人继续戴穷帽或返贫无人问津而更贫困"的现象。

（3）大数据技术有利于建立扶贫管理的动态机制

2014 年 1 月，中共中央办公厅、国务院办公厅印发《关于创新机制扎实推进农村扶贫开发工作的意见》并指出："建立精准扶贫工作机制""按照县为单位、规模控制、分级负责、精准识别、动态管理的原则,对每个贫困村、贫困户建档立卡,建设全国扶贫信息网络系统。"大数据视域下的精准扶贫则通过现代化信息处理手段改变以往的静态管理模式,实现扶贫管理由静态处理到动态预测的跨越。例如广州省在扶贫攻坚项目中创新全面建档立卡、评议公示名单的瞄准机制,责任落实到人、定点定人帮扶的工作机制,资金专户管理、封闭运行监测的资金投放机制,以及数据平台动态监测、扶贫信息实时更新的项目监管机制。使新一轮扶贫中确认的 2 571 个重点帮扶村、20.9 万户相对贫困户、90.6 万人的贫困数据和脱贫动态,都可以在扶贫信息管理系统中定点、定村、定人实时查询。一方面,动态管理持续监测扶贫项目的进展情况,随着扶贫工作的进一步深化,贫困者的生活条件得到相应改善,帮扶人员则要有针对性地更改扶贫计划以实现"靶向精准";另一方面,动态管理监管扶贫资源,根据贫困者的需要合理配置扶贫物资与扶贫资金,引导资金流的下放方向,实现扶贫资源的合理配置。

(4)大数据技术有利于完善贫困评估的数据支持系统

中共中央办公厅、国务院办公厅于 2016 年印发《省级党委和政府扶贫开发工作成效考核办法》并提出,在扶贫工作中除考察扶贫客观数据外,还应引入"第三方"评估系统。即为完善评估体系一方面依据扶贫成效数据进行量化分析,建立大数据精准扶贫管理平台的评估系统,将数据平台中的贫困人口识别、贫困人口退出、贫困地区收入增长、扶贫资金配置精确度等考核指标与数据评估系统相对接,客观考察当地的扶贫成效,科学动态的评估方式基本杜绝部分官员因求政绩而虚报数据的现象。另一方面在大数据平台中建立"第三方"评估系统,通过信息交互技术收集、整理群众的想法和意见,将第三方评估信息量化为一定的参照比重纳入完整的评估体系中，以公正透明的方式增加评估结果的可信度和真实性。

3. 大数据背景下的精准扶贫模式创新路径

在脱贫攻坚战的新形势下，全国各地扶贫系统要在精准识别建档立卡等各类扶贫开发信息收集的基础上综合运用大数据手段，完善精准脱贫大数据平台建设。通过大数据平台动态管理精准扶贫资金项目，保证扶贫资金项目与扶贫对象有效精准对接，实现全过程跟踪的精准扶贫动态监测和动态管理，促进精准扶贫各领域内信息资源的汇聚整合和关联应用，提高精准扶贫工作效率。

（1）大数据背景下的精准扶贫理念转变

①精准扶贫决策由主观思维转向科学分析。通过精准扶贫大数据信息集成处理，精准扶贫在数据分析方面改变了以往仅靠人工单一静态处理信息的方式，建构数理模型以实现信息的数据化，量化分析贫困地区人口的贫困程度、致贫原因、帮扶措施，为精准扶贫工作提供了科学定位方向。另外，在精准扶贫项目的实施过程中还受到不同区域贫困人口思想观念差异性的影响，如何通过对贫困人口不同原因的数据比对分析，找出贫困人口因病、因残、因学、因灾、缺土地、缺水、缺技术、缺劳力、缺资金、交通条件落后、自身发展动力不足等致贫原因和具有针对性的帮扶措施，从贫困的客观事实分析过渡到改变贫困人口的思想观念，使贫困人口树立起"我要脱贫"的主动脱贫信念，并结合具体扶贫项目的有效对接帮扶，实现贫困人口内在潜能和外在帮扶条件的有机融合，实现贫困人口的脱贫致富。

②精准扶贫方法理念由大水漫灌转向精准滴灌。漫灌式的贫困治理方式已经在一定程度上限制了我国扶贫开发的进一步

推进，如何突破"脱贫又返贫"的现实瓶颈是精准扶贫重点解决的问题之一。精准扶贫的理念不仅仅体现在识别环节的精准，更体现于治理环节的精准。相关扶贫部门及工作人员应用大数据技术实现"滴灌式"扶贫将改善以往资源配置效率低下、扶贫进度停滞不前的状况，实现贫困户的扶贫需求对接：运用大数据现代化信息处理平台进一步精细评估指标，采用科学化的数据分析手段引导资源配置流向，提高扶贫工作效率；大数据技术的精细化运作方式为精准扶贫治理提供了更为可行的精准路径，推动扶贫方法理念的精准革新。

（2）大数据背景下的精准扶贫发展方向

①实现精准扶贫的技术突破。研发大数据精准扶贫信息管理系统需要支付高昂的固定成本，仅凭贫困地区自主研发则较为困难，国家应制定相应的引导政策，通过税收减免、财政补贴等方式加强大数据应用于扶贫治理领域的广度与深度，鼓励技术创新，着力攻克例如可视化分析、数据挖掘算法、预测性分析、语义引擎等大数据技术的核心问题。现如今随着大数据价值日益彰显，大数据扶贫治理人才呈现出供不应求的现状，国家应大力培养大数据扶贫管理人才，坚持将人才培养与可持续发展理念相融合，一方面筛选出具备大数据知识基础和扶贫治理工作经验的人员，通过强化培训，为建设大数据精准扶贫管理平台输送高质量人才；另一方面则面向有发展潜力的应届生，深化其对大数据理念和技术的认知与应用，避免大数据扶贫治理人才出现代沟。

②有效监督精准项目资金流向。扶贫开发资金流向不准和被挪用克扣是以往扶贫开发成效缓慢的主要原因之一，通过精准扶贫大数据平台建设可以有效全程监督精准扶贫项目资金流向。实施单位定期将项目实施进展信息上传到大数据平台，项目监管人员通过平台进行跟踪监督，及时掌握项目实施信息对

扶贫项目准确定位、全过程监控，随时了解和掌握项目实施情况以及资金物资分配情况，特别是对落实扶贫户的项目资金到户情况进行跟踪监督，压缩了套取、冒领扶贫项目资金的空间，杜绝了违纪违规现象的发生，加强了纪检监察系统对精准扶贫工作的监管，保障了财政专项扶贫资金安全、有效地运行，最大程度发挥扶贫资金的使用效益。

③建构精准扶贫的动态监管体制。以贫困村、贫困户、贫困人口动态化信息管理系统为基础，完善大数据扶贫信息管理平台，搭建省、市、县、乡（镇）、村、户、贫困人口之间和扶贫系统内部以及扶贫系统与行业部门、金融机构、帮扶单位之间的扶贫开发信息互联互通共享平台，从扶贫开发资源涉及的人、财、物到扶贫政策的效果评估等方面，精准设置扶贫动态监管体系，可以及时全面掌握扶贫对象的家庭基本情况、生产生活条件、致贫原因、帮扶措施及帮扶责任人等精准扶贫全过程的动态信息，提高精准扶贫过程各类管理信息数据跟踪和更新的频率，确保精准扶贫数据的实时观测、分析和对比，实现精准扶贫工作的实时动态管理和精准帮扶的精细精准，增强精准扶贫工作效率。

④促进精准扶贫的信息共享。我国经济发展进入新常态时期，调结构促增长成为目前经济领域的主要发展方向。政府扶贫相关部门的工作人员应注重培养现代化信息意识，在充分发挥扶贫资源价值的基础上理清扶贫信息和社会主义市场经济的发展脉络，重视对各类扶贫信息资源的筛选、加工、评估，整合精准脱贫和提高社会生产力的信息资本力量。随着大数据信息技术处理的不断发展完善，扶贫信息资源库与扶贫信息交换的互通功能正逐渐走向成熟，一方面，需要对贫困户脱贫需求数据加以集成融合，为全面脱贫提供必要的扶贫资源信息保障；另一方面，通过大数据扶贫平台特有的减贫脱贫驱动效应向其

他领域辐散经济社会价值，带动扶贫相关产业的综合发展。

⑤扩大精准脱贫的成果传播。充分发挥信息网络平台的传播功能，结合新媒体平台的信息传播优势，通过建立精准脱贫成果信息发布网站、微博及微信等形式，把精准脱贫成果信息以最快捷、最方便的方式传递给公众，实现精准脱贫成果信息传播渠道的公开化，使更多的社会大众关注并了解精准脱贫成果，形成精准脱贫成果信息传播舆论，搭建"人人知晓扶贫、人人关注扶贫"的互帮互助社会氛围，扩大社会参与精准扶贫的覆盖面。

⑥建构多元主体的贫困退出体系。充分利用互联网、云计算和大数据等新兴信息化技术，加快建立精准脱贫数据库和联机检索系统，应用大数据技术进一步制定详细、规范、便于操作的贫困退出认定标准，着力改变以往扶贫开发过程"重扶贫项目投入、轻扶贫项目考核"的局限，以贫困人口精准脱贫为导向，探索构建贫困户评议、帮扶责任人评议、村民评议、第三方机构评议、政府职能评议等多元主体相结合的贫困退出评价指标体系，通过贫困退出评价指标体系数据的综合比对，可真实、准确、科学、合理地评估出贫困地区和贫困人口的脱贫状况，确保贫困退出的真实性、公正性、规范性和科学性。

（十）主体能力培育

近年来，随着社会经济整体发展，人民生活质量不断提升，我国脱贫事业迈入了新的征程。面对2020年实现全面建成小康社会的紧迫任务，进一步深化精准扶贫工作开展至关重要，在此过程中需要着重解决"最后一公里"问题。培育精准扶贫对象主体能力是深化精准扶贫战略方针实施的重要举措，其更多地关注贫困人口需求实际，得到了学术界的广泛关注。

1. 精准扶贫战略规划

市场经济体制改革下，中国社会整体展现了欣欣向荣的风貌，人们的生活越发富足，但其中仍有部分地区群众尚未脱离贫困苦海，是我党历来关注的焦点，体现了对民生、人本的关怀。《"十三五"脱贫攻坚规划》中提出，到 2020 年要确保现行标准下建档立卡贫困人口实现脱贫，不愁吃、不愁穿，义务教育、基本医疗和住房安全有保障。我国脱贫攻坚战逐步迈入了时间紧、任务重的特殊时期，并取得了显著成效，人民幸福感稳固提升。基于独特的政治优势和制度优势，中国政府集中资源、瞄准扶贫对象，制定了一整套精准扶贫战略。吴国宝曾经指出，在精准扶贫伟大战略工程实践中，要充分体现和实现扶贫对象的主体地位，高度重视激发贫困地区和扶贫对象自我脱贫、自我发展的内在动力，尊重基层人民的创新精神，支持和帮助扶贫对象通过参加扶贫项目及活动提高自我持续发展能力。授之以鱼不如授之以渔，长期的精准扶贫战略规划，其着力点在于培育扶贫对象主体能力，这是从根本上解决贫困问题的有效途径，对改善民居现状意义重大。

2. 精准扶贫对象主体能力培育路径

精准扶贫作为新一期的国家发展战略，关系到底层民生生活，具有十分重要的现实意义，对提升我国综合实力，实现和谐社会共建作用显著。目前，经过长时间的经验探索与积累，我国精准扶贫战略体系日渐完善，在扶贫对象主体能力培育方面颇有心得，并确立了下一阶段的攻坚目标。基于上述分析，笔者有针对性地提出了以下几种精准扶贫对象主体能力培育路径，以供参考和借鉴。

（1）转变政府职能

在精准扶贫战略的整体框架结构中，政府不再是单一的主体，更多的是发挥主导作用。随着社会经济发展，贫困人口的权利意识、思想觉悟不断提高，尤其是市场经济意识逐步成熟。精准扶贫对象主体能力培育，要求政府进一步转换职能。就现阶段而言，政府应突出自身政策引领、宏观引导以及调控服务的功能，逐步退出实际操作层次，转向宏观组织管理，对精准扶贫项目开发、实施任务及目标进行分解，制定宏观指导规划的同时，协调各方力量，提高扶贫对象主体能力。可针对精准扶贫需求，成立扶贫开发领导小组，分化、明确各职能部门权责义务，统筹规划，量化相关考核制度，在扶贫对象主体能力培育中发力。大的市场经济体制条件下，政府职能转变是客观社会发展需求的具体体现，为精准扶贫对象主体能力培育奠定了良好的支持环境，应该得到全面关注和落实。

（2）重视教育发展

百年大计，教育为本。现阶段而言，阻碍贫困人口脱贫的重大关键因素，不是经济基础薄弱，而是提高其综合素质水平，使之拥有自主脱贫的能力。从某种意义上而言，扶贫的核心是扶智，如此才能有效解决返贫现象的再生。在具体的践行过程中，以国家宏观战略思想为引导，加强贫困地区的教育发展建设，逐步改善农村办学条件，鼓励优秀人才参与贫困地区发展。同时，各地区政府还应结合实际情况，调整宏观战略布局，提高农村地区的升学率，给予适当的政策支持，让农村地区学生拥有更多接触高等教育的机会，使之掌握更多的实用技术，更好地适应经济市场竞争，提高他们的生存劳动能力。如此循序渐往，相信精准扶贫将得到进一步的改善。另外，高等教育作为人才培育主阵地，现已缓步迈入大众化、普及化发展阶段。高校应力担教育职责，积极响应国家战略方针，扩大对外招生力度，适当降低农村人口入学条件，加强爱国教育，树立他们正确的人生观、价值观，鼓励其积极投身脱贫攻坚建设。

（3）加强技能培训

在大力发展农村基础教育的前提下，借鉴城市对务工人员的专业技能培训方式，提高贫困人口的科学文化素养，以职业教育、高等教育为载体，组织开展多样化的技能培训活动、创新创业活动，使之具备自主脱贫的意识及能力。在具体的践行过程中，可组织相关培训人员进村入户，切实解决贫困人口生产生活问题，大力推广先进技术应用，帮助农民提高科学种植水平，开拓发展新思路，最终实现贫困人口的自我发展能力。届时，政府相关职能部门应加强政策引导和支持，适当增加人力、物力投入，吸引专业优秀人才参与有关建设，提升他们的责任感、职业认同感，不断拉近技术人员与贫困人员之间的距离。另外，信息化环境下，还需进一步加强农村地区的电信网络架设工作，完善基础设施建设，促进农村地区对外信息的流通，提高贫困人口的信息化素养，使之拥有更多的机会接触新思想、新技术，并引导他们有机地应用到生产生活中，扩大精准扶贫服务范围。

（4）引导群体参与

贫困主体是精准扶贫攻坚战中不可或缺的力量，要让其积极参与到扶贫开发工作当中来，主动适应市场经济建设发展需求，如此才能使扶贫精准发力，改善民居生活，进一步挺进全面小康社会。在此过程中，要加强政府财务政策公开，通过多种途径或方式，引导贫困群体参与到扶贫资源开发利用、项目计划、项目建设以及项目监管等各个环节上来，有效整合既有资源，将资源分配的决策权交还到贫困群体手中，使之真正作为主体，自主参与到相关项目建设、发展中，促进他们解放思想、摆脱传统，并立足于创新，充分利用市场经济自由竞争优势，解决自身生存发展难题。引导贫困群体参与扶贫开发建设，有利于增强他们在精准扶贫工作中的话语权，建立民生需求表达机制，切实维护好农村的主体权益，其主体性势必得以爆发式增长，最终作用于脱贫攻坚工作，提高其精准性和高效性。从另一个维度上讲，引导贫困群体参与，亦是以人为本理念的具体体现，是社会主义制度的客观要求，亦是精准扶贫战略的有效路径。

（5）统筹主体力量

扶贫开发作为一项系统化工程，应结合现实需求，逐步完成粗放型和单靠政府主导型向贫困人口集体参与模式的转变，进一步明确其在精准扶贫中的主体作用，构建完善的多元主体协同参与机制，最大限度地发挥协同发展效力。在具体的实践过程中，要理性综合分析贫困地区发展实际，梳理政府各部门职能关系，搭建政府、贫困户、基层组织以及市场主体在内的多向互动机制，整合优质资源，鼓励农民走产业化发展道路，提高他们自主应对风险的能力及市场占有率，最终解决贫困问题。除此之外，精准扶贫总是基于某个载体发生。市场经济环境下，企业作为最活跃的主体，在精准扶贫战略规划中占有重要地位。对于缺乏产业支柱的，要培养符合本地经济发展需求的实干型人才，整合社会组织、政府资源和项目，鼓励企业与贫困村建立合作机制，共同培育市场经济主体，为农民增收开拓新的路径，带动他们的主动脱贫情绪，增强其参与信心。在各方力量的共同参与下，相信我国精准扶贫将会迈上一个新的台阶。

总之，精准扶贫对象主体能力培育工作开展十分重要和必要，是全面建成小康社会的必经路程。在接下来的精准扶贫工作中，要理性解读贫困人口最本质的需求，重点培育扶贫对象主体能力，并建立健全相关保障机制。结合当下的社会情态，以党中央的战略方针为先导，有针对性地提出更多有效精准扶贫对象主体能力培育路径。

（十一）文化服务体系构建

通过对 H 县 T 镇农村公共文化服务案例的考察发现，农村文化扶贫实际效果不理想。农村公共文化服务供给缺少精准识别，公共文化服务主要采取"大水漫灌"的形式，文化服务供给没有针对性，没有实现文化服务"滴漏"供给，文化附加值较低，存在明显的"精英俘获"差序关系格局，马太效应明显，影响文化扶贫效益。没有实现精准帮扶，基层缺少相应的文化扶贫项目资金，农村文化扶贫项目数量较少，质量较低，基层政府文化职能欠缺，农村公共文化服务短板效应明显，农村文化扶贫物质支持不足；农村公共文化服务受益群体有限，没有惠及多数农户和实现项目入户，资源配置不均衡，文化服务项目供给过程逻辑偏离，服务供给主体单一，社会、农户参与不足，政府本位主义明显，治理能力弱化。农村公共文化服务管理与考核效率低下，政府文化服务供给存在观念性误区，忽视市场、社会、农民三方的力量，政府传统本位色彩浓厚，公共文化服务供给缺乏有效监督机制，服务效率低下，存在明显的体制性、制度性障碍，制约农村公共文化服务扶贫实际效益。基于此，本书提出以下建议。

1. 农村公共文化服务供给重视精准识别，提供有针对性的文化服务项目

通过大数据、云技术建立云平台，实现精准识别，提供有区别性的公共文化服务，改变已往"大锅饭，一刀切"的做法，农村公共文化项目要因人而异、因地制宜采取差异性举措。对

于贫困户中公共文化服务项目参与意愿较强的农民，要根据其需求提供不同文化服务项目和公共文化服务资源，对于其中的弱势群体，还应给予额外的支持、帮助。

政策实行过程中，要考虑具体地区的文化生态，否则最后只能导致资源闲置，资金沉淀。依据奥尔德弗 ERG 需要理论，无论贫困户、非贫困户在精神文化方面都有较高层次的需求，特别是如今农村社会大量空巢老人、鳏寡孤独群体对于精神文化的需求更强烈。农村各群体都有多元文化需求，政府应兴建有针对性的文化基础设施，鼓励并支持农村积极开展多元化的乡村娱乐活动。对于公共文化服务项目参与意愿较弱、宿命论价值取向的农户，一方面要加强教育劝导，使其转变落后观念；另一方面，要加大对参与文化服务项目意愿较强农户的支持，并建档立卡，加强宣传，塑造优质标杆，培养发展诉求模范户，形成示范效应，以带动项目参与意愿较弱的农户。对于其中经济发展愿望较强的农户，应根据本地实际大力发展有地方特色的文化产业，提供就业发展机会，利用当地文化资源带动当地农户脱贫致富，形成经济文化良性互动，实现文化扶贫、经济扶贫有效对接。为从根本上打破贫困文化代际传递机制，摆脱代际贫困，对于子代文化服务供给也十分重要，如 T 镇每村都配有广播设备，这些设备目前只在中午、傍晚各播送半小时县新闻、当地戏曲和投资商广告，资源利用率低，若在每天早晨、中午和傍晚定时播送我国优秀传统文化道德故事，名人名事，各地文化风俗及相关生理健康知识等内容，既可以提高广播利用效率，又可以增长当地居民见识，提高其文化修养，弥补农村留守儿童家庭教育、社会教育的不足，有利于孩子从小形成正确世界观、人生观和价值观。同时还应落实、完善"送书下乡"工程，惠及留守儿童，提高文化扶贫的综合效益。

2. 农村公共文化服务供给要重视精准帮扶，实现区域公共文化服务均等化

公共文化服务要坚持城乡、区域协调发展，提供标准化的公共文化服务项目，建立基本服务均等化导向机制，加强公共服务文化体系建设。要发挥农村公共服务供给政府主导作用，弥补农村公共文化服务的不足，资源分配中要以"客观因素"为测算依据，同时也要注重社会公平，加强农村财政转移支付，不能片面强调城市公共文化服务水平的提高而牺牲农村农民公共文化服务。考虑到地方财力有限，应在农村地区，特别是贫困地区建立"财政包干"机制，并寻找农村公共文化服务供给保障新机制，避免隧道视野效应，提高政府治理能力。如国家可以采取项目合同制的方式，通过招投标的方式，竞争性、契约性地向社会购买公共文化服务，委托第三方提供农村公共文化服务、产品，既提高资金的使用效率，又更好地满足农村各群体个性化需求，提高公共文化服务供给实际效益。地方、基层政府也可以通过 PPP 模式，通过招商引资，利用社会资金，弥补政府财政紧张，同时优化政府职能、强化各级职责并提高项目监管水平，引进外力，增强内力，从而激发农村公共文化服务供给活力，保障文化扶贫效益和效果的持续优化。

政府在帮扶过程中要注重文化发展内生性重构建设，注重文化发展主体自身愿望，强调倒金字塔管理法则，认识到农户在文化继承与发展中的重要作用，推动农村社会秩序的有序演变。还要进行必要的战略性干预，认识到农村社会文化作为一种结构性存在，有其存在的理据与合理性，引导农户保留其中合理性成分，选择性吸收"他组织"有益成分形成新的文明生长点，两者之间形成共生循环，通过集聚耦合推动制度变迁、文化变迁。而不是"邯郸学步"，片面强调学习吸收外来文化，

完全打破农村社会文化相对平衡的自然秩序，导致农村文化发展呈不可控的异化状态，出现文化倒退，产生"文化堕距"。应提倡多元化的文化发展空间，以适应农村社会文化的自我完善和发展，有序实现农村社会的转型和再社会化。

3. 农村公共文化服务供给要实现精准管理和考核，提高公共文化服务效率和水平

加强农村公共文化服务供给的顶层设计和统筹规划。要制定科学的农村公共文化服务供给政策，使农村文化服务有明确的政策基础。政策制定过程应透明、公开，广泛征求社会各方意见，充分考虑各地的地域性差别，注意设置合理的政策空间并加强监督控制；同时明确政策执行主体，理清各职能部门事权，避免出现多头管理，同时要注意构建各部门之间的协调、协同机制，完善农村公共文化服务供给制度，优化农村文化扶贫路径。

目前农村公共文化服务供给管理效率低下，治理能力弱化，造成资源的大量沉淀流失，应优化政府职能结构，强化部门职责，理顺各部门权责关系，明确各部门事权。树立公共服务理念，提高管理效率，以提供更优质的农村公共文化服务为目标，更好地服务于农村文化扶贫建设。

农村公共文化服务供给，应改变传统自上而下的资源配置体系，实行柔性管理，应用鱼缸理论，确立农民公共服务供给主体地位，同时加强农村公共服务、产品供给侧改革，优化公共服务供给结构，实现供给侧结构调整和升级。要因地制宜，立足当地文化生态，引入市场机制，借助外力，提高农村公共文化供给的准确性与敏感度，优化供给结构，提高政府公共文化服务供给效益。同时发展农村公共文化服务需求侧组织，理清需求位序结构，实现供需一致有效对接，促进文化扶贫实际

效益的提高。

社会主义新农村建设的核心就是建立社区共同体，要保证文化的可持续发展，政府需加强文化的自组织能力建设和组织再造，加强农村社会公民社会建设，重视奥尼尔定理的应用，提高农村各群体文化服务供给参与性，健全农村社会治理机制以弥补基层政府治理功能弱化的缺陷，并进一步引入第三方评估机制，促使政府提供有效的农村公共服务供给综合效益评价体系和监督机制，为农村文化扶贫提供制度保障，为我国农村扶贫保驾护航。

（十二）双重网络嵌入机理

产业网络和社会网络是实现精准扶贫、精准脱贫的有效路径。精准扶贫既需要通过嵌入产业网络获得特色资源的产业链支持，也需要通过嵌入社会关系网络获得人力资源和社会资源支持。通过产业网络嵌入精准扶贫，利用特色产业优势，参与产业结构调整获取外部经济，是精准脱贫的物质与制度条件；通过社会网络嵌入精准扶贫，利用社会弱关系外部扶持、强关系的资金扶助和机会提供实现自身发展，是贫困户脱贫致富的资金、技术与机会纽带。镇江市茅山革命老区的精准扶贫实践案例解析了双重网络嵌入机理和模式的实现过程，并提出在双重网络嵌入的精准扶贫模式中必须形成依托产业资源打造特色产业链、构建利益联结机制实现多主体协同扶贫的两大核心要素机制。

1. 精准扶贫过程中的双重网络嵌入机理

从理论上说，贫困户无需借助任何外部力量也可以通过自己拥有的资源实现脱贫，但从现实来看，贫困户的主动脱贫能力、脱贫机会均有限，在过去的实践中也证明了其仅凭借自己的力量难以实现脱贫致富。因此，多数贫困户在实施脱贫行动时，首先考虑到的问题是如何获取外部资源来帮助自己实现脱贫致富。

那么，贫困户一般是从何处获取外部资源的呢？罗兰和李志平等学者在对各地精准扶贫实践问题和经验总结的基础上，提出可以利用贫困地区的产业资源优势帮扶贫困户精准脱贫；陈希勇对平武县三个贫困村的调查研究指出产业扶贫是山区精准扶贫的重要模式；黄承伟和覃志敏深度剖析了重庆市涪陵区农民创业园产业化扶贫案例，提出了以农民创业园区为平台、以扶贫责任书为纽带的贫困农民自我发展扶贫机制；党红艳和卢冲等研究设计了旅游扶贫的实现路径和保障机制。可见，利用贫困地区的特色产业资源实施精准扶贫已成为重要的扶贫手段，但是贺雪峰发现在我国西南地区的产业扶贫中存在大部分失败案例。那么为什么会出现这样的扶贫困境呢？在产业资源优势突出的情况下，为什么有些地区、有些人能够发现并抓住脱贫机会进而实现致富，有些地区、有些人却不行呢？对此，本书认为产业网络作为精准扶贫的外部资源，通过贫困村、贫困户参与产业结构调整获取外部经济，能够对精准脱贫起到基础性的支持作用，但是这种外部资源要转化为精准扶贫的内在动力，还必须通过贫困户的"人际关系"纽带获得更多的社会网络资源支持，扩大脱贫机会，增强自身的脱贫能力。因此，有学者从社会保障、社会支持、社会资本角度关注了精准扶贫实践。如曹洪民研究了四川仪陇县试点的扶贫互助社，指出其是农村扶贫的重要制度创新，有助于在扶贫开发过程中推动农村资源转化为发展资本；朱俊立认为以农村社区服务中心为平台，政府向社会组织购买社会保障扶贫服务是实现社会保障扶贫的创新实践；王卓研究表明乡镇贫困群体获得的社会支持很弱，强关系在乡镇贫困群体的社会支持网中发挥着重要作用。

综上可知，精准扶贫网络是产业网络和社会网络的有机统一体，精准扶贫过程同时也是对产业网络与社会网络双重嵌入的过程。在精准扶贫过程中，既需要通过嵌入产业网络获得特色资源的产业链支持，也需要通过嵌入社会关系网络获得人力资源和社会资源支持，其作用机理如图 1 所示。

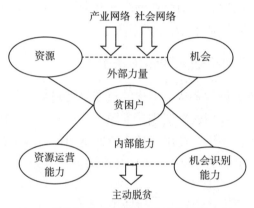

图 1　精准扶贫过程中的双重网络嵌入机理

由图 1 可知，双重网络嵌入的精准扶贫过程包含四个要素：贫困户、资源、机会和能力，产业网络和社会网络作为嵌入性要素对以上四要素发挥作用，通过双重网络嵌入增加贫困户的脱贫资源和机会，从而提升其主动脱贫的能力。具体的作用机理及其含义包括以下两个方面。第一，双重网络嵌入是贫困户获取脱贫资源和机会的重要途径。产业网络嵌入有助于贫困户利用现有的产业资源优势，把握市场机会，参与产业分工，与相关企业、合作社、种植大户形成利益合作联盟关系，并通过产业网络内的资源共享和知识溢出效应获取更多的互补性资源。同时，大部分贫困户的文化水平偏低、职业技术能力偏弱、知识积累不足，仅仅依靠自身难以发现合适的、有价值的脱贫机会，银行等金融机构对贫困户的支持力度又偏小，因此，亲朋好友、邻居、老乡等强关系社会网络就成为他们获取脱贫资源和机会的主要途径，且地方政府、金融机构、企业等弱关系也在一定程度上给予其就业与创业的资源与机会。

第二，精准扶贫过程是贫困户、资源、机会、能力匹配和平衡的结果。处于核心地位的贫困户要具有主动脱贫的意愿，充分把握、配置和平衡产业网络和社会网络嵌入带来的脱贫资源和机会，借此提升自己的脱贫能力。

2. 双重网络嵌入的精准扶贫

精准扶贫包含着从贫困户的精准识别到精准帮扶，进而实施精准管理，直到逐渐实现精准脱贫的过程。基于此，本书结合网络嵌入性理论，提出包括产业网络和社会网络在内的双重网络嵌入的精准扶贫模式，如图 2 所示。

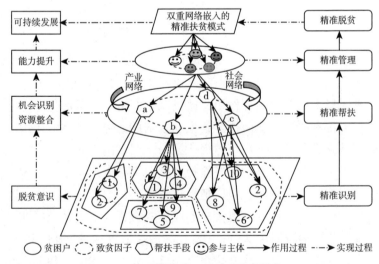

图 2　双重网络嵌入的精准扶贫模式

由图2可知，双重网络嵌入的精准扶贫模式包含四个阶段、两大类主体及两种网络关系等要素。在精准扶贫四个阶段的运营过程中，贫困户与帮扶主体这两类主体在产业网络和社会网络的交互作用下实现精准帮扶的关系网，并基于此获取脱贫致富的资源、机会和能力，最终实现贫困户及贫困地区经济可持续发展。其中，贫困户及其致贫因子的精准识别是精准扶贫过程的起点，也是关键环节，关系到帮扶谁、如何帮扶等核心问题。

双重网络嵌入的精准扶贫模式运行四阶段即精准识别、精准帮扶、精准管理与精准脱贫，层层递进、环环相扣。其中，精准识别的过程主要包含：找准致贫关键因子，识别贫困人口和贫困户；基于致贫因子，对贫困对象精准分类；建立贫困对象信息管理系统。即在因病、因灾、因学、因残等致贫因子下精准识别贫困户及贫困人口，然后基于不同致贫因子将贫困户分类建档立卡。此时，对于贫困户而言，要想脱贫致富，首先要形成积极主动的脱贫意识，才能在精准帮扶过程中及时识别机会，主动整合产业网络和社会网络嵌入带来的人、财、物、技术等各种资源。

精准帮扶必须首先通过精准识别环节挖掘贫困户的帮扶需求，利用产业网络和社会网络关系，形成多样化的帮扶"组合拳"，作用于不同致贫因子的贫困户，各个击破，消除致贫因子，刺激贫困户的脱贫动力，实现输血式扶贫向造血式帮扶转变。具体而言，在精准帮扶过程中，通过产业网络嵌入精准帮扶是指利用贫困地区的特色农业产业链、特色旅游业以及村集体经济等产业资源对贫困户脱贫致富起到帮扶作用，它是贫困村、贫困户增产创收的物质与制度条件；社会网络嵌入精准帮扶是通过弱关系（政府、市场、社会组织等）外部扶持和强关系（亲人、朋友、同学、邻居、老乡等）的资金扶助和机会提供来实现的，揭示的是贫困户与他人的社会联系，是贫困户脱贫致富的资金、技术与机会纽带。在双重网络嵌入精准帮扶后，将形成多种帮扶手段，给贫困户带来脱贫资源和机会。

精准管理是指在精准扶贫过程中，必须充分调动社会网络的支撑作用，以不断改进精准管理为循环，以基层乡镇组织为单元构建精准管理运营系统，激发基层乡镇组织的自主性，鼓励民众的主体性，调动社会力量的参与性，在此基础上政府对多元主体实施政策引导，形成主体间相互协作的精准扶贫产业网络与社会网络体系，以达到提升贫困户自身脱贫能力的目的。其中，政府各部门、高校科研院所主要通过政策支持、扶贫资金下达、技术培训等方式实现精准扶贫；企业等市场力量通过与经济薄弱村结对帮扶，发挥资金、技术等优势，实现在帮扶发展中共赢；人民团体、扶贫互助社等社会组织通过技术援助、结对帮扶参与精准扶贫；村委会主要通过村党组织带头人充分发挥基层党组织战斗堡垒作用，开展扶贫政策传达与落实、思想疏导、生产指导实践等工作帮助贫困户主动脱贫；亲人、朋友、同学、邻居、老乡等通过提供资金、介绍就业机会、支持创业等方式参与精准扶贫。

精准脱贫是基于精准识别、精准帮扶及精准管理后对贫困户及贫困地区的考核和工作监督，以期实现可持续发展，主要包括：对扶贫效果进行考核，督促贫困地区的地方政府将精准扶贫作为工作重点；建立以扶贫成果为导向的考核机制，激发地方开展扶贫工作的积极性；依靠扶贫绩效考核、退出机制等制度设计实现贫困户的成长与可持续发展。其中，扶贫效果的考核可以考虑从经济、生理、心理等维度考核建档立卡的贫困人口数量减少、贫困村退出、贫困村居民收入增长情况，从根本上预防贫困村、贫困户退出后再度返贫。

3. 双重网络嵌入的镇江市茅山革命老区精准扶贫案例分析

（1）背景描述

脱贫攻坚最艰巨的任务在农村，最大的难点在老区。按照部署，镇江市在"十三五"期间将重点开展"百村万户新达标"行动，着力对接茅山革命老区振兴发展的区域性整体帮扶。镇江市茅山革命老区位于长三角发达地区，占地总面积 3 847 平方千米，70%的面积属于丘陵山区，涉及 12 个经济薄弱镇（街道）、101 个经济薄弱村，截至 2017 年 6 月，已建档立卡的贫困村、贫困户及贫困人口数如表 1 所示。

表 1　镇江市茅山革命老区各辖区贫困概况

所辖市（区）	经济薄弱镇（街道）	贫困村数量（个）	贫困户数（户）	贫困人口数（人）
丹阳	延陵镇、珥陵镇、司徒镇	25	1 129	1 832
句容	白兔镇、茅山镇（含茅山管委会）、天王镇、后白镇	49	3 331	6 367
丹徒	谷阳镇、上党镇、宝堰镇（含荣炳盐资源区）、高资街道	27	933	2 032
润州	韦岗街道	0	0	0

镇江市茅山革命老区曾是苏南抗日根据地，在战争年代，其独特的丘陵山地条件和区位因素成为对敌斗争的重要屏障。而在和平年代，原有的优势则成为区域经济社会发展的制约因素，具体表现在以下方面。第一，从自然地理因素来看，茅山山脉将老区分成东西两大部分，地势中间高、两边低，这种地形严重阻碍了老区的道路交通建设和物流网建设，同时各类库、塘、河、渠淤泥严重，易涝易旱，防洪灌溉等农业基础设施建设薄弱，严重制约着老区发展高效现代农业。第二，从产业因

素来看，老区一、二、三产业发展不协调，如传统种植业、养殖业仍占主导地位，水产养殖业处于起步阶段，林业生产经营粗放，集约化农业生产结构和劳动力职业构成不合理，造成农业经济效益低下。同时乡镇工业基础薄弱，加之受到交通不便，水电供应不足的影响，第二产业发展缓慢，此外茅山风景区道路规划不合理，历史人文景观还未完全修复，影响相应的旅游资源开发。第三，从社会因素来看，老区劳动人口文化水平较低，制约了科学技术的推广，贫困人口老龄化严重，形成了未富先老的态势，医疗条件差且贫困人口卫生意识弱，因病返贫的现象严重。究其原因，主要归根于：其产业结构层次低，拉动力不足，特色产业低端发展，帮扶力不强；结对帮扶与社会支持力不够等。可见，要突破镇江市茅山革命老区当前的扶贫困境，其核心就在于如何高效利用该地区的产业资源和社会资源优势，以特色产业作为抓手，有计划、分步骤地引导贫困户长效脱贫。

（2）案例分析

近年来，依托自身资源禀赋和长三角地区的区位优势，镇江市茅山革命老区逐渐形成了自身的产业特色优势，充分发挥社会各界力量参与扶贫，实践出了一些卓有成效的双重网络扶贫模式。

一是依托产业资源优势，依靠结对帮扶，落实产业扶贫。江南水乡气候生态良好，适合种植粮食、蔬菜、瓜果以及丘陵茶树，据此打造出了优质粮油、高效园艺、特种养殖、碳汇林业、休闲农业等五大产业，建设成了一批以"一村一品、一镇一业"为特征的规模化、集约化、标准化农业生产基地。如句容市李塔村地处山中，交通不便，全村有贫困户33户，其中五保户9户、低保户20户。自2016年以来，李塔村与镇江市公安局建立了扶贫对接关系，市公安局出资建设制茶车间，帮助村民加工鲜叶、制作干茶；同时，号召有实力的村民投入资金、平整土地，进行蔬菜规模化种植，并雇佣村里的贫困户参与劳作，增加贫困户的收入。

二是延长特色农产品产业链，构建多主体利益联结机制，实现扶贫产业链与生态链耦合。围绕优势产业，将农产品生鲜电子商务、生态有机农业经营和休闲观光农业等新型业态引入农业产业链，通过贫困户土地、扶贫资金入股分红，劳务就业等形式，构建贫困户与龙头企业、农民合作社、家庭农场等新型农业经营主体间的利益联结机制，通过延长农产品产业链与生态、循环、低碳农业模式相结合，实现生态扶贫。如位于镇江市丹徒区上党镇的翰雅有机农场，在农场内部建立了一个封闭的生态循环系统，将种植业、养殖业、微生物产业、加工业、休闲观光农业联动发展，一、二、三产业融合循环，在循环过程中大幅度降低成本，发挥农业的多种功能，提高产业的竞争能力和整体效益，利用现代高效农业促进农民致富。目前，翰雅有机农场通过一年每亩地700元的土地流转价格从当地农村流转土地，并长期雇佣附近农村的50名贫困农民参与生产劳动，每人每月收入约2 000元，按照一个贫困户流转土地3亩且出一人参加劳动的三口之家计算，可成功实现帮助该贫困户脱贫。

基于前文关于精准扶贫过程中双重网络嵌入的作用机理及模式的理论分析，建立如表2所示的案例分析框架。

表2　双重网络嵌入的镇江市茅山革命老区精准扶贫模式

案例	扶贫形式	产业资源	社会资源	机会	能力	扶贫影响力
1	资源优势+结对帮扶	茶叶、果蔬	地方政府、社会组织、村民、农技人员	就业	资金、劳动技能、制茶工艺	形成了自我发展的可持续脱贫态势
2	利益联结+生态扶贫	水稻、果蔬、水产、家禽	地方政府、新型农业经营主体、农技人员、科研院所	就业、参与市场竞争	资金、生态技术、高效农业生产方式	形成了扶贫产业链与生态链耦合的发展局面

由表 2 可知，双重网络嵌入精准扶贫必须依托当地的资源禀赋，形成特色产业，同时要借力于社会各界的帮扶力量才能实现精准脱贫。如句容市李塔村依托山区的茶叶、园林、果蔬资源，积极发展优质茶叶加工、果蔬规模化种植；上党镇翰雅有机农场依托良好的水土资源，打造循环、低碳的生态农产品产业链，利用"互联网＋"平台，将产品深深嵌入到长三角地区的产业网络中，获取产业分工合作的收益，不断增强产业扶贫模式的生命力。同时，两个案例中的精准扶贫过程也需要社会资源的支持，贫困户要实现脱贫致富，首先必须克服资金和技术瓶颈，这就需要通过社会资源来解决。两个案例的精准扶贫过程也充分显示了社会网络资源的帮扶功能：一是通过将社会网络关系从血缘、地缘、学缘关系拓展到业缘关系，二是通过加强与社会网络的联系获得知识、技术支持。通过产业网络和社会网络嵌入有助于贫困户获得互补性资源、稀缺资源，是提升其脱贫能力的关键。这个过程中，社会网络关系突破原有社会强关系网络界限，开始引入弱关系，同时向产业网络延伸。

4. 结论与思考

根据上述理论分析和案例讨论，可知在精准扶贫过程中双重网络的嵌入有助于实现贫困户主动脱贫，同时在双重网络嵌入的精准扶贫模式中包含着两大核心要素机制，即依托产业资源形成特色产业链、构建利益联结机制形成多主体协同扶贫，进而实现贫困户与贫困地区经济共同发展。

（1）产业网络嵌入扶贫路径：精准选择扶贫产业、提升产业价值链、耦合产业链与生态链

每个贫困村都有着不同的资源禀赋和自身特点，每个贫困户也有各自的人力、土地、资源等特征，在进行产业扶贫和资源开发时一定要充分考虑产业资源地域优势，凸出资源特色，

结合市场需要精准定位，否则容易出现"虎头蛇尾""资源滥用"等问题。一方面，扶贫产业的选择要与地理区位、自然资源、区域规划、技术水平、贫困人口劳动能力等因素匹配好，多种生产要素组合好，宜农则农、宜林则林、宜牧则牧、宜渔则渔，同时结合休闲农业、乡村旅游等新业态调整结构；另一方面，扶贫产业要具有市场导向性，产业类别和规模要符合经济发展要求，遵循供给侧改革要求，不能盲目跟风，一味追求规模经济效应，导致产业发展后劲不够、贫困人口受益不足。产业网络嵌入精准扶贫过程的目标是通过产业发展和产业增值来提高精准扶贫的效率，为此可以通过以下四方面实现：一是优化产业结构，产业的层次决定产业的扶贫带动能力和收入水平，要因地制宜地发展农林牧渔业、农工旅复合特色产业，大力发展高附加值的设施农业、休闲观光农业、生产型服务业和文创产业等，提升产业价值链向中高端升级，提升扶贫开发的产业层次，提高贫困户收入；二是发展特色产业，以特色小镇建设为抓手，用足用好贫困地区的生态资源禀赋，做大做强旅游业和现代农业，拓宽脱贫致富的受益面；三是延伸产业链，以农业产业链为例，要促使农业加工链纵向延伸，开发出功能食品、保健品等新兴产品，提高农产品附加值，要促使农业服务链横向扩展，将农业生产性服务、农业科技服务、农业信息服务等相互剥离，提高农业服务的专业性；四是强化产业融合，充分把握新一代信息技术和新的消费需求，催生"互联网+""旅游+""共享+""生态+""文化+"等一批扶贫开发新模式、新业态，不断延伸、拓展、融合这些"+"出来的产业及产业链，推动产业网络更加多元集成，为扶贫开发带来新的活力和发展空间。

　　在产业资源开发过程中，要重点保护好贫困地区的生态环境，坚持扶贫开发和生态环境共赢，把产业链和生态链有机统一起来，借鉴翰雅有机农场的"果树下养鸡、鸡粪作肥""绿肥+

稻＋鸭"等生态、循环、低碳农业模式，改善土壤、水环境，实现生态扶贫与农业扶贫互相促进，达到健康致富的耦合效果。

（2）社会网络嵌入扶贫路径：强化贫困户的社会关系网，形成多元利益联结机制

贫困户除了需要来自亲人、朋友、同学、邻居的资金扶助和资源帮扶，同时还需要进一步扩宽、强化其社会关系网，发挥政府的引导作用、龙头企业的带动作用、专业合作社的推动作用以及其他社会组织和咨询机构的技术、智力支持，帮助其主动提高脱贫能力。构建利益联结机制形成多主体协同扶贫是指将贫困户、地方政府、企业、合作社及其他社会组织或个人形成利益共同体，建立稳固的利益关系，保持长效的合作，确保扶贫产业持续发展、贫困户长效脱贫。一是通过专业市场拉动多主体参与，首先由地方政府建立起农产品专业批发市场，一些龙头企业、专业合作社作为中间商在农产品专业市场上进行批发交易，同时中间商联系贫困户，有助于贫困户解决农产品销路困境，也有助于整合产业链；二是通过农民合作组织带动贫困户参与，贫困户在自愿互助的原则上通过土地流转、扶贫资金、劳动力投入等方式加入各种类型的农业经济组织，合作经济组织加工并销售贫困户生产的农产品，有助于促进产业链向后发展；三是通过龙头企业整合专业合作社和贫困户的农产品资源，利用订单农业、股份合作、劳动参与等形式形成利益联动，有助于贫困户激发其脱贫致富的内生动力。

为保障多主体具有参与扶贫的积极意愿，地方政府应多深入调研，了解贫困村和贫困户的扶贫需求及市场需求，制定有根有据的帮扶政策；健全社会力量参与扶贫的机制保障，通过投资兴业、培训技能、吸纳就业、捐资助贫、政府购买扶贫服务等多种方式，吸引各种社会资源要素向贫困地区转移，在资金扶持、贷款贴息、土地流转等方面鼓励引导龙头企业参与产

业扶贫，同时注重荣誉利益激励，对于社会力量参与精准扶贫做出突出贡献的，在政府项目资金支持、社会安排、各种评比表彰荣誉等方面给予优先考虑；最后要帮助贫困户消除被动意识，激发、鼓励其利用土地流转、扶贫资金、劳动力投入等方式入股，与龙头企业、合作社、家庭农场等建立起利益共享机制，实现深度融合，一方面可以提高贫困户的专业技能，另一方面也能消除贫困户的小农落后意识、生产惰性，迅速提高贫困户的自我发展能力和脱贫致富能力。

（十三）商业保险

政府运用商业保险机制开展精准扶贫，有助于集中有限的财政扶贫资金重点帮助城乡贫困群众脱贫致富，放大扶贫资金使用效率，提高贫困群众抗风险能力，从根源上帮助解决贫困难题。本书在分析保险服务精准扶贫的必要性与优势的基础上，探讨保险服务精准扶贫的路径，提出政府通过保险开展精准扶贫的政策建议。

1. 保险服务精准扶贫具有的优势

近年来，保险凭借特有的风险保障、经济补偿、资金融通等功能，支持精准扶贫的机制优势日渐显著，逐渐为学界、政府、社会所认可和接受。

（1）保险具有扶贫济困的天然属性

保险具有社会管理功能，是社会保障体系的重要组成部分，这决定了保险与扶贫具有天然的内在联系，即保险具有扶贫济困的天然属性，在完善社会保障体系方面发挥着重要作用：一是保险可以为没有参与社会保险的群体提供补充保险保障，扩大社会保障体系覆盖面。二是保险可以通过提供灵活多样的保险创新产品，为扶贫开发提供多层次、多角度的保障服务。三是保险可以为扶贫开发提供必要适度的资金支持。

（2）保险具备目标靶向精准、广覆盖的双重优势

一是保险"取之于面、用之于点"，通过大数法则和风险分散机制来补偿少数贫困群众的经济损失或人身意外伤害风险，可以满足当下扶贫开发对精准度的要求。二是保险在防范风险、促进社会利益分配相对公平方面有着不可替代的作用，有助于在不改变现行社会分配制度的条件下改善人与人的利益分配关系。三是保险可以实现精准和广覆盖的双重目标。截至 2015 年末，我国大病保险已覆盖 9.2 亿人，累计超过 500 万人直接受益。

（3）保险机制有助于优化扶贫资源配置

一是保险杠杆机制有效放大财政资金效用。如 2015 年辽宁特大旱灾农业保险支付赔款 15 亿元；2016 年初"世纪寒潮"福建桉树冻灾森林综合保险支付赔款约 1.8 亿元，有力支持了地方救灾工作。二是保险资金归集机制可实现财政扶贫资金的跨时间、空间转移投放，在更大范围内实现扶贫资源的优化配置。如利用保险机制可以实现扶贫资金以丰年补灾年、发达地区支持贫困地区、灾害发生频度小地区支持灾害发生频度大地区。

（4）保险具有投融资的派生功能

保险的资金融通功能是在经济补偿功能基础上发展起来的，是保险金融属性的具体体现，也是实现社会管理功能的重要手段。保险公司利用保费收取与赔款支付之间存在的时间差对保险基金进行投资经营，实现保险资金的保值增值。理论上，保险资金可以精准投放到特定贫困地区、特定扶贫产业，进而实现对贫困地区脱贫致富带动能力强的支柱产业的精准定向扶持，帮助当地实现产业"造血"脱贫。

（5）保险具有防灾减灾功能

通常情况下，保险公司可以通过提供损失管理服务来实现对承保标的物的防灾防损功能，即保险公司可以帮助被保险人对潜在的损失风险进行预测、分析与评估，提出合理的事前预防方案和损失管理措施，帮助管控风险。如沿海地区台风登陆前，保险公司可利用其灾害信息获取及客户信息资源的比较优势，利用微信、微博、热线、短信、网站、现场指导等方式，向被保险人精准推送灾害预警信息及防灾防损建议，或直接帮助被保险人开展灾害预防自救工作，从而降低潜在灾害损失。

2. 保险是政府精准扶贫的优质工具

从目前实践看，各级政府部门正逐步认识到通过购买保险服务向贫困地区、贫困群众、扶贫产业精准投放扶贫服务措施的有效性和必要性。

（1）政府采用保险扶贫校准扶贫目标靶向精度

习近平总书记强调："要坚持因人因地施策，因贫困原因施策，因贫困类型施策，区别不同情况，做大对症下药、精准滴灌、靶向治疗。"政府采用保险扶贫机制构建保险精准扶贫"闭环"，实现"保障、融资、资金、公益"四位一体的扶贫保险保障，对受灾、疾病或受意外伤害贫困群众进行精准补偿；通过购买或鼓励购买扶贫信用保证保险产品对贫困地区产业经济发展提供融资支持，出台政策吸引保险资金对贫困地区适度长期稳健投资，从而实现对当地贫困土壤的"精准滴灌"和对贫困病因的"靶向治疗"。

（2）政府采用保险扶贫可提升扶贫可操作性

一是政府出资购买扶贫保险服务，将部分扶贫职能转移给保险公司，从扶贫工作流程看更简便易行，可在释放基层政府扶贫人力资源压力的基础上，提升扶贫工作的精准度和覆盖面。二是政府财政出资为贫困群众进行统一投保或财政出资补贴一定比例保费，向保险公司提供权威统计数据，有利于保险公司适度简化投保手续，进而将更多资源用于为贫困群众提供更优质的理赔服务。以福建农房统保为例，采取"基础保障＋叠加保障"方式，为全省逾 670 万户农户房屋提供保险保障，每户最高保险金额 2.5 万元。其中，全省所有农户房屋因灾受损均可享受基础保障，每户保额 1 万元，保费由省级财政出资 5 000 万元全额支付；农户可自愿投保叠加保障，每户保额 1.5 万元，12元保费由各级财政补贴 75%，农户自缴保费 3 元；对于低保户和建档立卡贫困户，个人自缴部分由省级财政全额承担，自动享受叠加保障。

（3）政府采用保险扶贫有利于克服逆向激励效应

从扶贫实践效果看，政府直接救济扶贫模式并不能从根本上解决贫困人口消极脱贫问题。从根源上分析，主要原因是当前扶贫制度体系在设计上缺乏相应的激励约束手段，特别是对扶贫对象未形成正向激励，致使部分有就业能力的低保或扶贫对象消极脱贫或者根本没有脱贫的意愿，有的宁可依赖"低保"也不注重改善自身的生存环境。通过保险机制，政府改直接救助为间接救助，将对扶贫对象的直接补贴变成兜底保障，只有出现保险合同约定的情况时才能得到保险救助，从而促进贫困群众主动改善境况。

（4）政府采用保险扶贫可以拓宽扶贫路径

与以往"撒胡椒面""输血"式的政府直接救济扶贫模式相比，保险扶贫模式的保障领域更加宽泛，可以大幅拓宽政府扶贫路径，对贫困地区农业、健康、民生、产业、教育等脱贫需求实现全覆盖。除灾害补偿、疾病或意外伤害补偿，保险可帮助贫困地区支柱企业、贫困群众更便捷地获得银行贷款融资；通过保险资金的长期投资支持，可促进当地脱贫致富带动能力强的产业转型升级，实现"输血式"扶贫向"造血式"扶贫转变。如支持小微企业融资和创业发展是解决贫困群众就业、促进企业"造血"的重要途径之一，福建省小微企业贷款保证保险（以下简称"小贷险"）已经在福州、泉州、三明、漳州、莆田、龙岩市以及平潭综合实验区铺开，2016 年已累计支持贷款约 2.2 亿元，其中支持晋江青年创业贷款约 1 亿元，极大地改善了当地小微企业的融资创业环境。

（5）政府采用保险扶贫可以提升扶贫资金效用

各级政府可充分利用保险杠杆成倍放大财政扶贫资金的使用效用，进而实现节省财政资金、增加扶贫覆盖面的目标。以福建农房保险基础保障为例，省级财政每年仅需出资 5 000 万元，就可覆盖全省所有农房并撬动逾 670 亿元的风险保障，在全省范围内实现扶贫资源优化配置的战略目标；如宁波市政府通过 3 500 万元保费补贴撬动支农小贷款 100 多亿元。

（6）政府采用保险扶贫可以提高防灾防损能力

一是政府可以充分依托保险公司及其基层分支机构的人力、物力和其他各类资源，按照保险协议约定开展防灾防损工作，有利于提高防灾防损处置和应变能力。以福建农网建设为例，主要农险承保公司已经建成"三农"保险营销服务部 75 个、"三农"保险服务站逾 450 个、"三农"保险服务点近 2 400 个，聘用服务人员逾 3 000 人。二是政府可以利用保险公司创新产品的研发能力，为贫困地区、贫困群众和当地支柱企业量身定制保险服务。如福建在全省各地以"政银保"合作模式推动小贷险支持弱周期特色支柱行业发展，如建宁制种、将乐温氏鸭养殖、连城白鸭养殖等，有力支持了当地特色产业发展，带动了当地贫困群众脱贫致富。

3. 保险支持政府开展精准扶贫的路径

（1）基本原理

基于保险服务政府精准扶贫工作视角，保险支持精准扶贫的实质就是政府通过保险机制逐步引导贫困群众、贫困地区支柱企业弱化"政府意识",树立"保险意识",促进脱贫致富找政府转变为找保险,即政府依托保险行业主动作为,逐步引导贫困地区、贫困群众、当地企业将扶贫保险作为脱贫致富的主要依靠,不再单纯依靠政府输血或救济。根据现阶段社会及保险业发展特点,保险业充分调动和利用行业本身及上下游相关社会扶贫资源,深入调查了解贫困地区、贫困群众和当地支柱企业的风险特点和需求,积极走进贫困地区、彰显社会责任,为各级政府建立精准扶贫保险产品备选池,帮助政府部门利用保险机制规避贫困群众生产生活风险,建成一批贫困群众参与度相对较高、对贫困群众脱贫带动能力强的特色产品加工和服务业基地,保证贫困群众增产增收,推动贫困地区经济发展和产业转型升级,逐步实现扶贫从"输血"到"造血",从"撒胡椒面"到"靶向精准"的转变。同时,商业保险公司、相关互助保险组织等精准扶贫保险供给主体应当坚持"定向、精准、特惠、创新"原则,避免以追求高额商业利润为目的,而应以履行企业社会责任、支持当地产业发展、贫困群众脱贫致富为开展精准扶贫保险工作的最终目标。

（2）保险服务政府精准扶贫的基本路径

保险服务政府精准扶贫主要可以遵循"保基本、惠融通、促造血、重公益"的基本路径,把帮助贫困群众稳定生活水平、确保长期受益、逐步脱贫致富作为保险扶贫的帮扶边界。

①多角度开发精准扶贫保险产品。从保险产品开发角度看,保险扶贫主要有服务农业、健康、民生、教育等路径。农业保险方面,一是因地制宜开发特色农业保险产品,如主要农产品目标价格保险（农产品现货市场价格、期货市场价格）、天气指数保险（风力、降雨量、水温等）、设施农业保险（设施蔬菜、设施食用菌、设施蛋鸡和肉羊等）、高保障和组合型农险产

品等。二是面向脱贫致富带动能力强的新型农业经营主体，建设农业产业链服务保障体系（冷链保障、物联网保障等），如重点开发物流、仓储、农产品质量保证、"互联网+"等保险产品，实现全产业链保障。健康保险方面，一是提升大病保险服务水平，向低保户和建档立卡贫困户倾斜，提升贫困群众特别是特困群众的医疗保障水平。二是开发精准扶贫补充医疗保险，报销贫困群众住院或特殊门诊费用。民生保险方面，一是针对贫困群众主要劳动力意外伤害、疾病等开发小额人身保险产品。二是提升农房保险、农村治安保险、自然灾害公众责任险等险种的保障能力，出台巨灾保险政策。教育保险方面，推动助学贷款保证保险等险种发展，解决贫困家庭特别是特困家庭学生就学困难问题。

②支持贫困群众创业和贫困地区企业信贷融资。保险支持贫困群众创业、贫困地区企业信贷融资主要路径是发展信用保证保险和保单质押贷款等信贷融资类险种，促进信贷资金向贫困地区合理定向流动。一是信用保证保险路径。如推广"政府+银行+保险"精准扶贫保险信贷模式，发展扶贫小额信贷或农户保证保险，增强贫困群众、当地企业获取信贷资金发展生产的能力；探索开展贫困农户土地流转收益保证保险、土地承包经营权抵押贷款保证保险、农房财产权抵押贷款保证保险，确保贫困农户合法权益。二是保单质押贷款路径。通过农业保险保单质押等方式，拓宽保险融资增信路径。同时，可根据小额信贷保险业务特点，开辟赔付绿色通道，切实优化流程，提高效率。

③保险资金支持贫困地区支柱产业发展。保险资金支持贫困地区支柱产业发展的主要方式，是鼓励和引导保险公司资金投资向贫困地区支柱产业适度倾斜，帮助政府在贫困地区因地制宜建成一批脱贫带动能力强的特色产业基地。一是鼓励和引

导保险公司参与产业开发扶贫。发挥保险资金投资周期长、投资稳定的独特优势，通过债券、股权等多种形式，积极参与贫困地区基础设施、民生工程建设，重点支持脱贫带动能力强的种养业、农产品加工业、乡村旅游、农产品电子商务等生产经营主体。二是创新保险资金运用方式，探索开展"农业保险＋扶贫小额信贷保证保险＋保险资金支农融资"试点，协助参保的贫困群众更便利地获得免担保、免抵押、利率优惠的小额资金。三是探索建立保险定向支持贫困群众资产性收益机制，定向投入政府或其他农业生产经营组织牵头组织的、贫困群众拥有一定股权的设施农业、养殖、水电、乡村旅游等项目形成的资产。

④保险公益扶贫路径。保险业作为天然具有扶贫济困属性的特殊金融行业，应当以公益方式深度参与扶贫开发工作。一是设立保险业公益扶贫基金或保险公司公益扶贫基金，通过合理方式为特定贫困地区或贫困群众积累一定的扶贫资金，作为政府公益扶贫基金、各类公益组织扶贫基金的补充，定向用于帮扶丧失劳动能力的贫困群众，助其解决温饱问题，营造积极向上的社会氛围。二是各级保险公司分支机构直接资助贫困家庭学生就学，如帮助贫困家庭的儿童、大学生就学，给更多贫困家庭提供通过教育改变境遇的机会。三是保险公司直接资助援建贫困地区保险希望小学或捐赠各类教学用书，给贫困地区带去更多教育资源，从物质和精神两个层面给予帮扶援助。四是各级保险公司分支机构更多招聘贫困家庭学生就业，进一步拓宽贫困学生就业途径。

4. 政府通过保险开展精准扶贫的政策建议

（1）建立健全政府常态性保险扶贫工作机制

一是各级政府应探索保险参与精准扶贫的新模式、新路径。

各级政府要把保险纳入各级扶贫规划及政策支持体系，探索运用保险风险管理、社会管理功能及保险机构网络、专业技术等优势，通过市场化机制，以委托保险公司经办或直接购买保险产品和服务等方式开展精准扶贫，提高扶贫资金效用。二是与保险公司建立工作长效联动机制，建立政策性精准扶贫保险产品备选池。各级政府应主动对接保险公司，推动开展精准扶贫保险的需求调研和产品开发工作，向保险公司提供必要的贫困人口基数、疾病或意外伤害数据、贫困地区产业发展数据等扶贫相关数据，建立建档立卡信息与保险信息交互对接机制，建立专项统计监测制度和政策实施成效评估制度。三是为保险资金参与贫困地区产业、基础设施投资提供政策指导和政策便利，并确保政策的可持续性，出台政策鼓励保险公司开展公益扶贫事业。

（2）出台精准扶贫保险专项优惠支持政策

各级政府应为精准扶贫保险发展创造良好健康的政策环境，主动承担推动精准扶贫保险发展的责任，制定出台各类优惠支持政策。一是出台精准扶贫保险财政补贴保费政策。各级政府在会同保险公司厘清精准扶贫保险范围并建立备选池的基础上，结合本地区实际出台专项财政补贴保费政策，适度减轻贫困群众、当地支柱企业的保费支付压力。二是出台精准扶贫保险税收优惠政策。参照农业保险，出台精准扶贫保险税收减免政策，通过税收调节机制适度降低保险公司经营成本，鼓励开发精准扶贫保险创新产品。三是建立巨灾风险基金制度和风险补偿基金制度。由中央或省级财政出资建立精准扶贫保险巨灾风险基金和风险补偿基金，在发生巨灾风险或巨额超赔的情况下，保险公司可从巨灾风险基金或风险补偿基金获得适度补偿，确保精准扶贫保险可持续经营。四是协调财政部门统一和简化财政保费补贴资金的划拨程序，保证补贴资金及时到位。

（3）建立金融行业精准扶贫联动机制

一是各级政府应建立当地金融行业精准扶贫联动机制，深度整合保险、银行、证券等金融部门的精准扶贫资源，建立健全"政府＋银行＋保险"模式，为贫困地区、贫困群众提供综合性脱贫致富配套方案。二是建立金融扶贫激励约束机制，增强金融机构支农惠农动力。政府建立有效的考核激励机制，对开展精准扶贫的金融机构给予表彰或奖励，特别是对顺利完成农村精准扶贫服务目标任务的金融机构要给予经济激励。三是鼓励金融企业合作注资设立全国性或地区性扶贫公益基金或关爱基金，为贫困客户家庭困难、病、伤、丧等提供一定帮助。

（4）加大精准扶贫保险的宣传力度

各级政府应出台精准扶贫保险宣传方案，调动贫困群众、当地企业参保的积极性和主动性。一是利用各级政府门户网站发布权威的精准扶贫保险支持政策和险种介绍，主动开展业务推介。二是利用新闻媒体发布精准扶贫保险相关宣传报道，会同保险公司主动对接各类新闻媒体，利用微信公众号、微博、新闻网站、报刊杂志等对精准扶贫保险方针、政策加大宣传力度，让社会公众更好地了解和接受精准扶贫保险，不断提高险种覆盖面和社会认可度。三是建立基层乡镇村精准扶贫保险工作推动机制，结合保险公司基层机构网点，发动基层政府工作人员、基层保险公司人员深入贫困乡村、社区开展保险赔付典型案例宣传，以真实案例宣传保险保障作用，强化贫困群众的保险认同感，让精准扶贫保险走完"最后一公里"。